MedR Schriftenreihe Medizinrecht

Herausgegeben von
Professor Dr. Andreas Spickhoff, Göttingen

Weitere Bände siehe
http://www.springer.com/series/852

Arbeitsgemeinschaft Rechtsanwälte
im Medizinrecht e.V.
Herausgeber

Medizinprodukte in der Anwendung: Alle machen mit, keiner haftet?

Mit Beiträgen von
K. Kobel, R.T. Müller, J. Attenberger,
C. Jäkel, T. Weimer, B.-R. Kern, J. Kettler

Springer

Herausgeber

Arbeitsgemeinschaft Rechtsanwälte
im Medizinrecht e.V.
Sindelfingen, Deutschland

Schriftleitung

Dr. Alexandra Jorzig
Düsseldorf, Deutschland

Dr. Roland Uphoff
Bonn, Deutschland

ISBN 978-3-642-40305-7 ISBN 978-3-642-40306-4 (eBook)
DOI 10.1007/978-3-642-40306-4
Springer Heidelberg Dordrecht London New York

Die Deutsche Nationalbibliothek verzeichnet diese Publikation in der Deutschen Nationalbibliografie; detaillierte bibliografische Daten sind im Internet über http://dnb.d-nb.de abrufbar.

Gedruckt auf säurefreiem Papier

Springer ist Teil der Fachverlagsgruppe Springer Science+Business Media (www.springer.com)

Vorwort

Das XXIV. Kölner Symposium der Arbeitsgemeinschaft Rechtsanwälte im Medizinrecht e. V. widmete sich dem Thema Anwendung von Medizinprodukten.

Das Recht der Medizinprodukte ist sehr komplex und nicht auf den ersten Blick zu durchschauen. Da in der jüngsten Vergangenheit immer häufiger Medizinprodukte zur Anwendung kommen, ist es für den Verbraucher häufig nicht ersichtlich, wer eigentlich bei fehlerhaften Medizinprodukten zur Haftung gezogen werden kann. In der Regel werden Medizinprodukte von einem Medizinproduktehersteller vertrieben und sodann durch einen Arzt oder ein Krankenhaus beim Patienten zur Anwendung gebracht. Hier entsteht ein Auseinanderklaffen vom Medizinproduktehersteller zum handelnden Arzt bzw. Krankenhausträger. Es ist für den Verbraucher nicht ersichtlich, welche Partei er in Anspruch nehmen muss, sollte er etwaige Schadenersatzansprüche aufgrund eines fehlerhaften Medizinproduktes haben. Gerade dieser Problematik sollte sich das XXIV. Symposium widmen. Ebenso wurden auf dem Symposium die begleitenden Fragen eines Gesamtschuldnerausgleiches bei etwaig paralleler Haftung vom Krankenhausträger zum Medizinproduktehersteller erörtert und auch die notwendige Aufklärungspflicht, bei der zu klären war, wer aufklärungspflichtig ist.

Der vorgelegte Band enthält die vollständigen Referate.

An dieser Stelle sei der Ecclesia gedankt und allen, die an der Organisation des Symposiums beteiligt waren. Ohne die engagierte und zuverlässige Mitarbeit der Leiterin der Geschäftsstelle der Arbeitsgemeinsam in Sindelfingen, Frau Martina Pietsch, hätte sich dieser Band nicht realisieren lassen.

Ein besonderes Dankeschön gilt auch dem engagierten juristischen Lektorat des Springer-Verlages unter Leitung von Frau Dr. Brigitte Reschke sowie Frau Sandra Wickenhäuser.

Sindelfingen
im Juli 2013

Dr. Roland Uphoff
Dr. Alexandra Jorzig

Inhalt

Moderatoren und Referenten

Moderation

Hartmann, Andrea
Rechtsanwältin
Bächle Riediger Kehrer
Lange Str.9, 70173 Stuttgart

Meinck, Prof. Dr. med. H.-M.
Neurologe, ltd. Oberarzt
Neurologische Universitätsklinik
Im Neuenheimerfeld 400
69120 Heidelberg

Referenten

Attenberger, Dr. Jürgen
Facharzt für öffentliches Gesundheits-
Wesen; ehem. Vorsitzender der Projektgruppe der Länder
„Qualitätssicherung der Medizinprodukte-Überwachung“
Feuerbachstr. 16, 30655 Hannover
E-Mail: Medizinprodukte@Deutschland.MS

Jäkel, Dr. Christian
Rechtsanwalt
Kanzlei Dr. Jäkel
Berliner Str. 37, 15907 Lübben
E-Mail: dr@jaekel-law.de

Kern, Prof. Dr. Bernd-Rüdiger
Universität Leipzig
Juristenfakultät
Lehrstuhl für Bürgerliches Recht,
Rechtsgeschichte und Arztrecht
Burgstr. 27, 04109 Leipzig
E-Mail: kschwarz@uni-leipzig.de

Kettler, Dr. Joachim
Rechtsanwalt
Kanzlei Große-Boymann
Magdeburger Str. 14a, 14770 Brandenburg
kettler-pers@k-gb.de

Kobel, Konrad
Vice President Quality Management
Regulatory Affairs
Aesculap AG
Am Aesculap Platz, 78532 Tuttlingen
E-Mail: Konrad.kobel@aesculap.de

Müller, Prof. Dr. Reinhold T.
Facharzt für Chirurgie, Facharzt für Orthopädie
Orthopädie Schondorf
Greifenberger Str. 8
86938 Schondorf am Ammersee
E-Mail: reinhold_t.mueller@t-online.de

Weimer, Dr. Tobias, M.A.
Rechtsanwalt
WEIMER | BORK
Frielinghausstr. 8, 44803 Bochum
E-Mail: weimer@kanzlei-weimer-bork.de

Herstellung und Vertrieb von Medizinprodukten

Konrad Kobel

Diese nachstehende Abhandlung beschreibt die grundlegenden Aktivitäten die für die Herstellung und den Vertrieb von Medizinprodukten in Deutschland und dem Europäischen Wirtschaftsraum (EWR) zutreffend sind. Bei Medizinprodukten sprechen wir von Produkten, die unter die Definition der Europäischen Richtlinien 93/42/EEG und 90/385/EEG fallen. Darin wird ein Medizinprodukt definiert als:

Medizinprodukte sind alle einzeln oder miteinander verbunden verwendeten Instrumente, Apparate, Vorrichtungen, Software, Stoffe und Zubereitungen aus Stoffen oder andere Gegenstände einschließlich der vom Hersteller speziell zur Anwendung für diagnostische oder therapeutische Zwecke bestimmten und für ein einwandfreies Funktionieren des Medizinproduktes eingesetzten Software, die vom Hersteller zur Anwendung für Menschen mittels ihrer Funktionen zum Zwecke

a. der Erkennung, Verhütung, Überwachung, Behandlung oder Linderung von Krankheiten,
b. der Erkennung, Überwachung, Behandlung, Linderung oder Kompensierung von Verletzungen oder Behinderungen,
c. der Untersuchung, der Ersetzung oder der Veränderung des anatomischen Aufbaus oder eines physiologischen Vorgangs oder
d. der Empfängnisregelung

zu dienen bestimmt sind und deren bestimmungsgemäße Hauptwirkung im oder am menschlichen Körper weder durch pharmakologisch oder immunologisch wirkende Mittel noch durch Metabolismus erreicht wird, deren Wirkungsweise aber durch solche Mittel unterstützt werden kann. [1, 2]

Um diese Art von Produkten herzustellen und oder zu vertreiben, müssen einschlägige Anforderungen und Bestimmungen eingehalten werden. Die Anforderungen ergeben sich aus den o. g. europäischen Richtlinien und dem daraus für Deutschland resultierenden Medizinproduktegesetz – MPG vom 2. August 1994,

K. Kobel (✉)
Regulatory Affairs, Aesculap AG, Am Aesculap Platz,
78532, Tuttlingen, Deutschland
E-Mail: Konrad.kobel@aesculap.de

Arbeitsgemeinschaft Rechtsanwälte im Medizinrecht e. V. (Hrsg.), *Medizinprodukte in der Anwendung: Alle machen mit, keiner haftet?*, MedR Schriftenreihe Medizinrecht,
DOI 10.1007/978-3-642-40306-4_1, © Springer-Verlag Berlin Heidelberg 2014

zuletzt geändert durch Art. 11 des Zweiten Gesetzes zur Änderung arzneimittelrechtlicher und anderer Vorschriften vom 19. Oktober 2012 (BGBl. 1 S. 2223).

A. Rechtliche Grundlagen für Medizinprodukte – Hersteller in Deutschland

Die Medizinprodukteindustrie gehört heute wohl zu den am strengsten kontrollierten und regulierten Industriezweigen der Welt. Im Europäischen Wirtschaftsraum (EWR) wird die Medizinprodukteindustrie gegenwärtig verbindlich durch die Europäischen Richtlinien 93/42/EWG (Medical Devices Directive, MDD), 90/385/EWG (Active Implantable Medical Devices Directive AIMD) und der 98/79/EWG (In Vitro Diagnostic Directive IVD) geregelt. Diese Richtlinien beziehen sich auf alle aktiven implantierbaren Medizinprodukte, allgemeine Medizinprodukte und In Vitro Diagnostika Produkte. Mittels dieser Richtlinien wird der gesamte Medizinproduktemarkt für den EWR einheitlich geregelt und alle Hersteller unterliegen somit den gleichen Anforderungen. Die durch die Richtlinien induzierten Regelungen betreffen in erster Linie die folgenden Bereiche:

die Produktion,
das Inverkehrbringen,
das Ausstellen,
die Inbetriebnahme,
das Errichten,
das Betreiben und
die Anwendung.

Bedingt durch diese gleichen Rahmenbedingungen unterliegen alle Hersteller in Deutschland, die nach § 3 Nr. 15 des MPG Hersteller im Sinne des MPG sind, den gleichen Anforderungen. Um die gleichen Mindestanforderungen an Medizinprodukte im EWR gleichermaßen zu gewährleisten, sind diese Richtlinien in nationale Gesetze der einzelnen Mitgliedsstaaten zu überführen. In Deutschland wurden alle drei Richtlinien über das MPG in nationale Gesetzgebung überführt. Über § 37, Verordnungsermächtigungen, hat sich der Gesetzgeber die Möglichkeit geschaffen, zusätzliche Verordnungen zu erlassen. Diese Verordnungen dienen der Konkretisierung und der Ausgestaltung des Gesetzes.

So wurde beispielsweise basierend auf § 37 (1) MPG die Medizinprodukteverordnung (MPV) vom 20. Dezember 2001 (BGBl. 1 S. 3854) verabschiedet. Über diese Verordnung wurden unter anderem die in den Richtlinien festgelegten Konformitätsbewertungsverfahren in deutsches Recht übernommen. Die Bewertungsverfahren richten sich grundsätzlich nach der Risikoklasse der Produkte und schreiben die Anforderungen an die Herstellung von Medizinprodukten fest.

B. Herstellung von Medizinprodukten

Für die Ausführungen in dieser Abhandlung beschränke ich mich nur auf die Konformitätsbewertungsverfahren für Medizinprodukte der Risikoklasse III nach MPV § 7 „Konformitätsbewertungsverfahren für die sonstigen Medizinprodukte“ Abs. 1 Nr. 1.

(1) Für Medizinprodukte der Klasse III, mit Ausnahme der Produkte nach Absatz 5 und 9*, hat der Hersteller

1. das Verfahren der EG-Konformitätserklärung (vollständiges Qualitätssicherungssystem) nach Anhang II der Richtlinie 93/42/EWG oder
2. das Verfahren der EG-Baumusterprüfung nach Anhang III der Richtlinie 93/42/EWG in Verbindung mit dem Verfahren der EG-Prüfung nach Anhang IV der Richtlinie 93/42/EWG oder dem Verfahren der EG Konformitätserklärung (Qualitätssicherung Produktion) nach Anhang V der Richtlinie 93/42/EWG durchzuführen. *(Produkte nach Absatz 5 und 9 sind Produkte aus Eigenherstellung und/oder Sonderanfertigungen). [3]

Bei diesen Produkten handelt es sich um die Produkte der höchsten Risikoklasse, also Klasse III mit dem höchsten Risikopotential für Patienten, Anwender und auch Dritter. Um dieses Konformitätsbewertungsverfahren zu erfüllen, benötigt der Hersteller unter anderem ein vollständiges Qualitätssicherungssystem, das den Anhang II.3 der Richtlinie MDD 93/42/EEG vollumfänglich erfüllt. Die diversen Anforderungen finden sich somit nicht im MPG, sondern in den entsprechenden Richtlinien.

Im Anhang II unter Punkt 3.1 wird der Hersteller aufgefordert, bei einer von ihm bestimmten „Benannten Stelle“ (NB) einen Antrag zur Untersuchung und Bewertung des beim Hersteller etablierten Qualitätsmanagementsystems einzureichen. Der Antrag beinhaltet unter anderem:

- Name und Anschrift des Herstellers,
- entsprechende Angaben über die Produkte oder Produktkategorien,
- schriftliche Bestätigung, dass nicht gleichzeitig bei einer anderen NB ein Antrag gestellt wurde,
- die gesamte Dokumentation des Qualitätssicherungssystems,
- eine Zusicherung das QM System so zu unterhalten, dass die Wirksamkeit gewährleistet bleibt,
- die Zusicherung ein Vigilanzsystem zu etablieren und zu unterhalten.

Die Erstkontrolle der NB bezieht sich auf die Überprüfung und Kontrolle der Gesamtdokumentation des Qualitätssicherungssystems, das in aller Regel mit dem QM-Handbuch beginnt und bei der Kontrolle von einzelnen Arbeitsanweisungen endet. Hierbei wird die Stimmigkeit der Festlegungen und Vorgehensweisen mit den Anforderungen aus den unterschiedlichen Regelwerken geprüft.

Unter Punkt 3.2 prüft die NB die Übereinstimmung der Produkte und Prozesse mit den Anforderungen. Dazu werden unter anderem die Qualitätsziele des

Herstellers mit in Betracht gezogen, als auch die Verfahren zur Produktentstehung und Produktauslegung, inklusive die Kontrolle der Produktauslegung bis hin zur Fertigung und Qualitätssicherung der gefertigten Produkte. Bei dieser Auslegung spielen die anwendbaren Standards ebenso eine wichtige Rolle wie die erstellte Risikoanalyse, die klinische Bewertung mit Prozessvalidierungen und Kalibrierungen der verwendeten Mess-, und Prüfmittel.

Nach Abschluss der Bewertung durch die NB und der anschließenden Zertifizierung durch eine unabhängige Stelle des NB nach Anhang II der MDD, können Änderungen an den zertifizierten Systemen und/oder Produkten nur unter vorheriger Zustimmung der NB erfolgen. Dafür ist ein schriftlicher Antrag mit allen notwendigen Details und Dokumenten erforderlich, um die geplanten Änderungen ordnungsgemäß durch die NB genehmigen zu lassen.

Die Herstellung von Medizinprodukten erfolgt in aller Regel nach intern festgelegten Prozessen, die alle Stadien vom eingesetzten Rohmaterial bis zum finalen Produkt beschreibt. Jeder einzelne Prozessschritt in der Produktentstehung wird präzise geplant und ausgeführt. Dazu gehört unter anderem auch die Validierung von speziellen Prozessschritten, die nur zerstörend geprüft werden können. Die Festschreibung der Prozessschritte folgt festgelegten Arbeitsabläufen, die mittels spezieller Arbeitsanweisungen, Stücklisten, Zeichnungen, CNC-Programmen, Packlisten, Konstruktionsunterlagen etc. vervollständigt und dokumentiert werden. Als letzten Schritt der Fertigung findet abschließend eine Überprüfung statt, in der festgestellt wird, ob alle in der Produktion vorgesehenen Arbeits- und Prüfschritte ordnungsgemäß abgeschlossen wurden. Dieser letzte Überprüfungsmodus leitet dann die Freigabe des Produktes für den Vertrieb ein.

C. Vertrieb von Medizinprodukten durch den Hersteller

Auch der Vertrieb von Medizinprodukten unterliegt den gleichen gesetzlichen Anforderungen. Es gelten im EWR die Anforderungen der MDD und in Deutschland die Anforderungen aus dem MPG.

Bevor ein Medizinprodukt in Deutschland oder dem Europäischen Wirtschaftsraum in Verkehr gebracht werden darf, bedarf es weiterer zusätzlicher Aktivitäten. Diese beinhalten unter anderem:

- eine Anzeige bei der zuständigen Behörde,
- Zertifizierung nach Produktrisikoklasse der Produkte,
- spezifische Zertifizierung der Produkte nach Risikoklasse III,
- Erstellung einer kompletten technischen Dokumentation nach Anhang I der Richtlinie,
- Erstellung der Konformitätserklärung nach Anhang II der Richtlinie,
- Eventuell Schulung der Anwender vor Ort für Produkte nach Anhang I der MPBetreibV (Medizinprodukte-Betreiberverordnung).

Nach § 25 (1) MPG muss der Verantwortliche nach § 5 MPG Satz 1 und 2, der seinen Sitz in Deutschland hat und Medizinprodukte erstmalig in Verkehr bringt, dies bei der zuständigen Behörde anzeigen. Die zuständigen Behörden sind in aller Regel die Regierungspräsidien, in dessen Regierungsbezirk der Hersteller ansässig ist. Die Anzeige erfolgt vor Aufnahme der Vertriebsaktivitäten unter Angabe der Tätigkeit und der Anschrift des Herstellers. In diesem Zusammenhang muss der verantwortliche Hersteller nach § 5 Satz 1 und 2 MPG auch einen Sicherheitsbeauftragten benennen, der bekanntgewordene Risiken bei den Medizinprodukten sammelt, bewertet und die notwendigen Maßnahmen zu koordinieren hat.

Abhängig von der Risikoklasse der Produkte müssen diese dem dafür vorgesehenen Konformitätsbewertungsverfahren unterworfen werden. Die entsprechenden Anforderungen für Produkte der Risikoklasse III nach Anhang II wurden am Anfang dieser Abhandlung bereits teilweise beschrieben. Für Produkte der Risikoklasse III wird zusätzlich nach Anhang II.4 noch die Produktauslegungsprüfung durch die NB notwendig. Dabei reicht der Hersteller die gesamte technische Dokumentation, welche das Produkt beschreibt mit allen durchgeführten Tests und Untersuchungen bei der NB ein und lässt diese bewerten. Die NB bewertet die technische Dokumentation auf Übereinstimmung mit den grundlegenden Anforderungen des Anhang I der MDD 93/42/EEG. Nach Abschluss der Bewertung mit einem positiven Befund, erhält der Hersteller eine Produktauslegungsprüfbescheinigung, die zusammen mit der Bescheinigung nach Anhang II.3 das Konformitätsbewertungsverfahren abschließt.

Beispiel des Inhaltes einer technischen Dokumentation (Abb. 1) Damit unterliegt ein Medizinprodukt der Risikoklasse III bei der Konformitätsbewegung nach Anhang II der MDD einer detaillierten Untersuchung in Form einer Produktauslegungsprüfung und weiterhin der Prüfung und Zertifizierung des gesamten QM-Systems durch eine NB. Dabei darf die Gesamtzertifizierung von Produkt und QM-System nicht durch unterschiedliche benannte Stellen erfolgen. Damit wird sichergestellt, dass sowohl das Produkt als auch die damit verbundenen Prozesse und Verfahren durch eine einzige NB begutachtet werden.

Der Vertrieb von Medizinprodukten unterliegt somit den gleichen gesetzlichen Anforderungen, im EWR der MDD und in Deutschland dem MPG wie die Entwicklung und/oder die Herstellung. Der finale Schritt in der Kette von der Entwicklung über die Produktion zum Vertrieb von Medizinprodukten im EWR und in Deutschland ist die Erstellung der Konformitätserklärung. Mit dieser Konformitätserklärung, die sich auf ein oder auch mehrere hergestellte Medizinprodukte bezieht, bescheinigt der Verantwortliche nach § 5 Satz 1 und 2 MPG, dass die in der Konformitätserklärung benannten Produkte den einschlägigen Bestimmungen der Richtlinien entsprechen, er alle notwendigen Aktivitäten abgeschlossen hat, um rechtlich legal das entsprechende Medizinprodukt in Deutschland und im Rest des EWR ordnungsgemäß in Verkehr bringen zu dürfen.

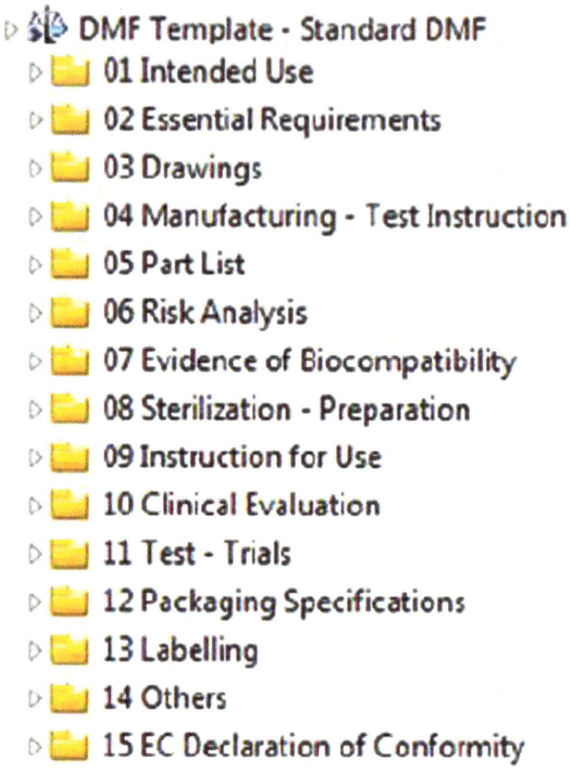

Abb. 1 Gliederung eines Device Master File (DMF)

Beispiel einer Konformitätserklärung Die Erklärung muss mindestens folgende Angaben enthalten (Abb. 2):

- die eindeutige Bezeichnung der Erklärung;
- den Namen und die Kontaktadresse der Person, welche die Erklärung ausstellt;
- die Bezeichnung des Gegenstandes der Erklärung (z. B. Name, Typ, Herstellungsdatum oder Modellnummer eines Produktes, Beschreibung eines Prozesses, Managementsystem, Person oder Stelle oder andere zutreffende zusätzlichen Angaben);
- die Konformitätsaussage;
- eine vollständige und eindeutige Liste von Normen oder anderen festgelegten Anforderungen und, soweit zutreffend, die ausgewählten Optionen;
- den Ort und das Ausstellungsdatum der Erklärung;
- Unterschrift oder äquivalentes Zeichen der Gültigkeit, Name und Funktion des (der) dazu autorisierten Person(en), die im Namen des Ausstellers handelt (handeln);
- jede Begrenzung der Gültigkeit der Erklärung. [4]

Die Konformitätserklärung wird durch den verantwortlichen Hersteller nach § 5 MPG Satz 1 und 2 MPG erstellt und aufbewahrt. Diese dient als Nachweis der Konformität und steht den Benannten Stellen und den Behörden zur Prüfung zur Verfügung.

AESCULAP®

Konformitätserklärung
Declaration of Conformity

Wir,
We,

Aesculap AG
Am Aesculap-Platz
78532 Tuttlingen / Germany

erklären in alleiniger Verantwortung, dass der Artikel
declare under our sole responsibility, that the product

Artikelnummer
product number

Artikel Bezeichnung
product name

mit den Anforderungen der Medizinprodukte Richtlinie 93/42/EWG übereinstimmt.
is in conformity with the requirements of the Medical Device Directive 93/42/EEC.

Konformitätsbewertungsverfahren nach Anhang VII (Risikoklasse I)
Conformity Assessment Procedure according to Annex VII (Class I)

Tuttlingen, 2012-08-16

I. V. AUSWAHLEN / SELECT		
- -		Forschung und Entwicklung *Research & Development*

SA-DE13-M-S-1-03-000-5-B-EN Seite / Page 1 von / of 1 Abt: EZR, marqthde

Abb. 2 Muster einer Konformitätserklärung

Materialen und Dokumente

1. Richtlinie 93/42/EWG des Rates vom 14. Juni 1993 über Medizinprodukte; zuletzt geändert durch die Richtlinie 2007/47/EG des Europäischen Parlaments und des Rates; Artikel 1, Absatz
2. Gesetz über Medizinprodukte (Medizinproduktegesetz – MPG) vom 2. August 1994; zuletzt geändert durch Artikel II des Zweiten Gesetzes zur Änderung arzneimittelrechtlicher und anderer Vorschriften vom 19. Oktober 2012 (BGBl. I S. 2223); § 3 Nr. 1
3. Verordnung über Medizinprodukte (Medizinprodukte-Verordnung-MPV) vom 20. Dezember 2001 (BGBl. 1 S. 3854), zuletzt geändert durch Artikel II des Zweiten Gesetzes zur Änderung arzneimittelrechtlicher und anderer Vorschriften vom 19. Oktober 2012; § 7 Absatz 1 Nr. 1
4. Konformitätsbewertung – Konformitätserklärung von Anbietern – Teil 1: Allgemeine Anforderungen (ISO/IEC 17050-1:2004, korrigierte Fassung 2007-06-15) – Deutsche und Englische Fassung EN

Medizinprodukte, Anwendung in der Orthopädischen Chirurgie

Reinhold T. Müller

Medizinprodukte haben in der Orthopädischen Chirurgie einen hohen Stellenwert. Sie werden u. a. täglich vielfach in Form von Osteosynthesematerial und Kunstgelenken in den menschlichen Körper implantiert.

Am Beispiel des Hüftgelenkersatzes werden verschiedene Schadensfälle, die in Zusammenhang mit Medizinprodukten aufgetreten sind, dargestellt und die sich hieraus ergebenden Fragen zur ärztlichen Sorgfaltspflicht aus fachchirurgischer Sicht diskutiert.

Im Einzelnen werden die Probleme

- Implantatversagen,
- Neuentwicklungen mit Auftreten unerwünschter Folgen,
- Inkompatibilitäten der eingesetzten Produkte und eine
- mangelhafte Vorgehensweise bei Einsatz derselben

vorgestellt und diskutiert.

Ziel des Gelenkersatzes ist eine langfristige Wiederherstellung der Gelenkfunktion. Hierzu müssen die Implantatteile dauerhaft im Knochen verankert und ein übermäßiger Verschleiß der Gleitpartner (Prothesenkopf und Pfanneneinsatz) vermieden werden. Nachfolgende Gleitpaarungen kommen bei Totalendoprothesen der Hüfte zum Einsatz

- Keramik/Polyethylen
- Metall/Polyethylen
- Keramik/Keramik
- Metall/Metall

Im ersten und zweiten Fall läuft ein Kopf aus Keramik oder Metall in einer Kunststoffschale, die im Knochen mit Zement verankert ist, bzw. gegen einen Kunststoffeinsatz, der in einer im Knochen verankerten Pfannenschale aus Metall sitzt. Nachteil der Paarungen mit Polyethylen ist das Entstehen von Polyethylenabrieb,

R. T. Müller (✉)
Orthopädie Schondorf, Greifenberger Str. 8,
86938, Schondorf am Ammersee, Deutschland
E-Mail: reinhold_t.mueller@t-online.de

Arbeitsgemeinschaft Rechtsanwälte im Medizinrecht e. V. (Hrsg.), *Medizinprodukte in der Anwendung: Alle machen mit, keiner haftet?*, MedR Schriftenreihe Medizinrecht, DOI 10.1007/978-3-642-40306-4_2, © Springer-Verlag Berlin Heidelberg 2014

der dann sekundär zu Osteolysen (= Auflösung von Knochen) und dadurch zu einer zunehmenden Destabilisierung der Implantatteile führen kann.

A. Implantatversagen

I. Keramikbruch

Der Gleitpartner Keramik hat sich als Werkstoff mit hervorragenden Eigenschaften neben Metalllegierungen und Polyethylen etabliert. Ein entscheidender Vorteil der Keramik liegt in der Abriebfestigkeit und der glatten Oberfläche. Der Nachteil liegt in einer begrenzten Bruchfestigkeit. Keramikkugeln werden seit Jahrzehnten als Köpfe für künstliche Hüftgelenke eingesetzt und laufen dabei in der Regel gegen eine Polyethylenschale, in letzter Zeit vermehrt auch gegen eine Keramikschale, wobei dann kein schädlicher Kunststoffabrieb anfällt.

Prinzipiell kann es, wenngleich sehr selten, zu einem Keramikkopf- oder Schalenbruch kommen, der keine Ansätze einer Vermeidbarkeit erkennen lässt und demnach als schicksalmäßiges Ereignis bewertet werden muss. Die Häufigkeit eines Kopfbruches wurde früher in einer Größenordnung von 1:10.000 angegeben. Für die Herstellungsgeneration seit 1994 gibt Willmann (Ceramic femoral head retrieval date. Clin Orthop. 2000, Oct; 22) eine deutlich niedrigere Bruchrate von 0,004 % an.

Mit dem Bruch des Keramikkopfes oder der Keramikschale geht in der Regel eine spürbare Funktionseinschränkung einher, die zur raschen Diagnose und einem operativen Austausch führt. Ein Trauma als äußere Ursache für den Bruch lässt sich in vielen Fällen nicht eruieren. Häufig wird berichtet, dass das Ereignis ohne Trauma beim normalen Gehen eingetreten ist. Die Patienten vernehmen je nach Umfang des Schadens ein Geräusch und bemerken die Funktionseinschränkung. Sie können in der Regel im Weiteren nicht mehr ohne Unterarmgehstützen gehen.

Die notwendige Operation und die damit verbundenen Belastungen der Patienten führen häufig zu der Frage, ob ursächlich ein Fehler zugrunde liegt.

Generell muss, wie ausgeführt, bei Einsatz von Keramikimplantaten mit einem Versagen durch Bruch gerechnet werden. Es handelt sich insoweit um ein typisches, wenngleich sich sehr selten verwirklichendes Risiko der durchgeführten Operation mit diesem Werkstoff. Dementsprechend bedarf dieses Risiko einer ärztlichen Aufklärung.

Ein denkbarer Werkstoffschaden als Bruchursache ist erfahrungsgemäß nur in Ausnahmefällen nachzuweisen. Namhafte Hersteller unterziehen ihre Produkte nach Chargen einem standardisierten Berst- bzw. Bruchlastversuch und können so ggf. die erforderliche Bruchsicherheit nachweisen und ebenso, dass alle Anforderungen an die Produkte entsprechend der Produktspezifikationen im Sollbereich lagen.

Eine andere Schadensursache kann in Anschlags- oder Subluxationsphänomenen liegen, die bei ungünstiger Position der Pfanne im Verhältnis zum Prothesenkopf und – hals auftreten können. Es kann dann z. B. zu einer exzentrischen randständigen Beanspruchung des Inlays (bei Keramik-Keramik-Paarung) mit Schädigung der Keramik kommen (bei regelrechter Stellung der Implantate muss eine Kontaktmöglichkeit bei üblichem Bewegungsumfang durch konstruktionsbedingte Maßnahmen ausgeschlossen sein).

Eine vermeidbare und damit fehlerhafte Position der Implantatteile liegt allerdings nur in den Fällen vor, die eine erhebliche Fehlstellung außerhalb der Toleranzgrenze aufweisen. Es handelt sich hierbei um eine Implantatposition, die bei den gebotenen intraoperativen Kontrollen einschließlich Röntgenaufnahme unschwer erkennbar war bzw. ist und im Sinne eines positiven reaktionspflichtigen Kontrollbefundes eine Korrektur der Fehlstellung erfordert hätte.

Eine ungewöhnliche Häufung von Versagensfällen innerhalb einer Abteilung spricht angesichts der sehr niedrigen Eintrittswahrscheinlichkeit eines Keramikkopfbruches gegen die Verwirklichung des typischen Risikos. Zum Ausschluss von herstellungstechnischen Problemen können Recherchen bei dem Hersteller und entsprechenden Einrichtungen des Bundes über die Zahl der Schadensfälle mit der jeweiligen Implantat- bzw. Gleitpartnerkombination vorgenommen werden. Anhand dieser Daten lassen sich die Schadensfälle mit Wahrscheinlichkeit dem System oder dem implantierenden Krankenhaus zuordnen.

Von Seiten der Operateure sind Fehler bei der Implantation denkbar, wie Beschädigungen des Prothesenstielkonus durch Unachtsamkeiten, die zu lokalen Spannungsspitzen in der Keramik führen können. Ein übermäßiges Ein- bzw. Aufschlagen von Inlay bzw. des Prothesenkopfes bei der Implantation könnte zu einem zunächst latenten Schaden führen. Allerdings sind diese denkbaren Versagensursachen ex post im Einzelfall häufig nicht fassbar.

Für die Bewertung der Folgen eines fehlerhaft eingetretenen Keramikversagens ist von Bedeutung, dass das Problem mit der Entfernung der gebrochenen und zersplitterten Keramikpartikel auch bei zusätzlicher Entfernung der Gelenkinnenauskleidung nicht sicher zu beheben ist. Es besteht ein Restrisiko, dass kleinste Keramikpartikel im Gelenkbereich verbleiben und, soweit nicht neuerlich eine Keramik/Keramik-Paarung zum Einsatz kommt, ein Dreikörperverschleiß mit vorschnellem Abrieb von Metall und/oder Polyethylen verursacht werden kann. Damit können weitere dem Implantatversagen kausal anhaftende Folgeoperationen erforderlich werden.

II. Halsbruch eines Prothesenstiels aus Metall mit Laserbeschriftung

Eine ca. 100 kg schwere Patientin hatte wegen einer Arthrose eine Hüftendoprothese erhalten. Ca. zwei Jahre und 9 Monate später musste sie notfallmäßig mit einem

Prothesenbruch im Bereich des unteren Prothesenhalsendes stationär aufgenommen und neuerlich operiert werden.

Die Patientin vermutete, dass das Implantat wegen ihres erheblichen Übergewichtes nicht geeignet war.

Aus der Information des Herstellers ergab sich lediglich unter dem Abschnitt Indikation und Gegenindikation, dass u. a. ein Übergewicht des Patienten zu besonderer Vorsicht mahnt. Unter Komplikationen sind verschiedene Risiken aufgeführt, nicht jedoch dasjenige eines Implantatbruches. Anhaltspunkte dafür, dass die Stabilität des Implantats bei Übergewicht nicht mehr gewährleistet wäre, ließen sich aus dem Informationsblatt des Herstellers nicht entnehmen. Schon weil bei einem normalgewichtigen Patienten nicht ausgeschlossen werden kann, dass das Gewicht im Weiteren erheblich zunimmt, sollten die eingesetzten Implantatteile auch höheren Gewichtsklassen Stand halten.

Dass Übergewicht im Zusammenhang mit der Versorgung mit einer Hüftprothese problematisch sein kann, ist bekannt. So können z. B. bei der Operation zusätzliche Schwierigkeiten bei der Präparation von übermäßigen Weichteilen und beim Zugang zum Gelenk auftreten.

Sofern von den materialtechnischen Eigenschaften her eine Gewichtsbegrenzung erforderlich wäre, müsste der Hersteller diese z. B. in dem Abschnitt Kontraindikationen seiner Information zweifelsfrei deutlich machen. Der Arzt hat regelmäßig keine Möglichkeiten, die diesbezügliche Leistungsfähigkeit des Implantats zu bewerten.

Damit fehlten Anhaltspunkte dafür, dass das verwendete Implantat für die Patientin nicht geeignet war und ggf. dies für die Behandler erkennbar gewesen wäre.

Nach der medizinischen Erfahrung handelte es sich bei dem eingetretenen Implantatbruch am ehesten um einen Ermüdungsbruch. Die Konfiguration des Kopf-Halsüberganges, der aufgrund der biomechanischen Gegebenheiten im Körper des Patienten ständig auf Biegung beansprucht wird, stellt wegen des in diesem Bereich verringerten Querschnittes eine potenzielle Schwachstelle dar. Deren ausreichende Konfiguration mit entsprechender Biegewechselfestigkeit kann letztlich nur im Labor untersucht werden.

Prinzipiell denkbare Materialmängel sind im Zeitalter des breiten Einsatzes von zerstörungsfreien Prüfmethoden eher unwahrscheinlich, können jedoch nicht sicher ausgeschlossen werden. Eine diesbezügliche Prüfung des Implantats kann nur auf technischem Fachgebiet mit in der Regel elektronenmikroskopischer Analyse der Bruchflächen erfolgen.

Die werkstoffkundliche Überprüfung im konkreten Fall (Piotrowski A., gb Implantat-Technologie, Essen) bestätigte die Annahme des Vorliegens eines Ermüdungsbruches. Ein Materialfehler des Grundwerkstoffes des Implantats als Ursache konnte von technischer Seite ausgeschlossen werden.

Als Ursache des Ermüdungsbruches wurde jedoch eine Laserbeschriftung des Herstellers mit den Implantatdaten im Halsbereich, damit im Bereich maximaler Zug-Biege-Wechselbeanspruchung, festgestellt. Die Rissbildung erfolgte im Bereich der Laserbeschriftung. Vermutlich waren die Risse schon bei der Laserbeschriftung entstanden und hatten sich bei der Zug-Biege-Wechselbeanspruchung bei Belastung der Prothese ausgebreitet. Die durch Laserbeschriftung hervorgerufenen Änderungen der Werkstoffmikro- und Oberflächenstruktur waren bekannt und als mögliche Ausgangspunkte für Ermüdungsrisse bereits identifiziert. Deshalb wurde die Anbringung der Laserbeschriftung im Bereich maximaler Zug-Biege-Wechselbeanspruchung ohne Not als Fehler der Hersteller bzw. Lieferfirma bewertet.

III. Halsbruch einer Hohlprothese aus Metall

Bei einem Patienten wurde bei einer ausgeprägten Coxarthrose rechts mit subjektiven Beschwerden das Hüftgelenk ersetzt. Bei der Operation wurde ein sogenannter Hohlprothesenstiel verwendet (bei diesem Konzept wurden durch verschiedene Bohrungen durch den Prothesenkörper Hohlräume im Inneren des Implantats geschaffen. In diese sollte der Knochen einwachsen und dadurch eine besondere Stabilität des Implantats erreicht werden. Daneben sollte die Bohrung die Einschwemmung von Markraummaterial in das Gefäßsystem beim Einschlagen des Stiels durch Druckerhöhung im Markraum vermeiden).

Bei sehr kräftig ausgebildeter Kortikalis (= der harte Knochen, der die Markhöhle bildet) konnte zwangsläufig nur ein eher kleiner Stiel Verwendung finden (die Größe der Prothese muss sich nach den anatomischen Verhältnissen richten).

Ca. 4 Monate nach der Operation kam es zu einem Bruch des Prothesenstieles. Ursächlich handelte es sich nach dem Ergebnis der technischen Untersuchung des dann entfernten Implantates um einen Ermüdungsbruch. Der Bruch war unter Einbeziehung einer Querbohrung aufgetreten.

Durch das Anbringen der Löcher, die mechanisch als Kerben zu beurteilen sind, wurde gerade die Dauerschwingfestigkeit potenziell verringert und damit die Gefahr von Ermüdungsbrüchen erhöht. Möglicherweise bestand aus diesem Grunde konstruktionsbedingt eine gewisse Schwachstelle. Denkbar wäre auch, dass Letztere nur die kleinen Stielgrößen betraf (je nach geometrischer Konzeption, Verhältnis der Lochgröße bei den unterschiedlichen Stielgrößen im Verhältnis zum Restquerschnitt, konnten sich Differenzen im Hinblick auf die mechanischen Eigenschaften ergeben).

Jedenfalls bestand aus technischer Sicht bei der Konzeption des Prothesestieles die Notwendigkeit, die Festigkeit gegenüber einem Ermüdungsbruch auf einem sogenannten Pulser mit ausreichender Zyklenzahl zu überprüfen. Nur so konnte von einer ausreichenden Sicherheit des Implantates gegenüber Ermüdungsbrüchen ausgegangen werden.

Ein vorliegender Schriftwechsel zwischen der Herstellerfirma und dem Entwickler des Prothesenstiels sprach dafür, dass die Bauteilprüfung nicht ausreichend erfolgte (soweit die Herstellerfirma erklärte, dass noch weitere „Simulatorbelastungsstests" erforderlich waren, hätte sie das Implantat nicht ausliefern dürfen).

Im Hinblick auf den tätigen Orthopäden kann allerdings, abgesehen von Ausnahmen, generell nicht erwartet werden, dass dieser Kenntnisse über die Bauteilprüfung und werkstoffwissenschaftliche Erfahrungen besitzt. Dies trifft insbesondere für Ärzte zu, deren berufliche Aufgabe ausschließlich oder im Wesentlichen in der Patientenversorgung liegt. Sicherheitsüberlegungen auf ärztlicher Seite können deshalb nur die, mit dem Kenntnisstand eines Anwenders erkennbaren, medizinischen Aspekte eines Implantats betreffen. Im Übrigen muss sich der Arzt auf den Hersteller bzw. die Lieferfirma verlassen.

Abgesehen von der technischen Prüfung geht mit jeder Veränderung eines Implantates, der streitgegenständliche Prothesenstiel entsprach abgesehen von den angebrachten Bohrungen einer weit verbreiteten Standardform, ein Restrisiko einher. Dieses haftet typischerweise jeder Neuentwicklung an (zu Neuentwicklung siehe unten). Die technische Bauteilprüfung kann dieses Risiko vermindern, nicht jedoch vollständig eliminieren. Ein sicherer Ausschluss von Komplikationen dieser und anderer Art kann letztlich erst anhand von Langzeitergebnissen erfolgen.

IV. Halsbruch eines Vollprothesenstiels

Ein Halsbruch zeigte bei der technischen Prüfung eines Standardstiels einen Ermüdungsbruch ohne erkennbare Ursache als Anlass hierfür. Die weitere Prüfung bei dem Hersteller hatte ergeben, dass die entsprechenden Untersuchungen auf dem Pulser eine ausreichende Biegewechselfestigkeit des streitgegenständlichen Prothesenstiels gezeigt hatten.

Eine Ursache konnte damit nicht gefunden werden. Es handelte sich bei dem Halsbruch um ein nicht absehbares Restrisiko des Einsatzes und damit um eine nicht immer zuverlässig zu vermeidende Komplikation. Dementsprechend sollten die Patienten über ein Materialversagen/-bruch als sehr seltenes aber typisches Risiko aufgeklärt werden.

V. Versagen einer Kappenprothese

Ein anderer Ansatz zum Ersatz des künstlichen Hüftgelenkersatzes ist die weitgehende Erhaltung des natürlichen Oberschenkelknochens. Hierbei wird lediglich auf den Oberschenkelkopf nach Zuarbeitung desselben eine Metallkappe mit einem kurzen Führungsstiel fixiert, die dann gegen eine Prothesenpfanne in der Regel aus Metall läuft. Veränderungen der tiefer liegenden Oberschenkelknochenanteile durch eine Stielprothese, insbesondere eine Schädigung des Knochenlagers, werden so vermieden.

Ein Ausbruch des Führungsstieles aus einer Oberschenkelkappe (zur Oberschenkelkappe siehe auch unten) aus Metall bei u. a. völliger Abflachung des Außengewindes des Stieles über die Gewindelänge und zu kurzer Länge des Stielgewindes für die Bohrungstiefe in der Kappe beruht auf technischen Mängeln, die der Hersteller zu vertreten hat.

Allerdings beruhte die vorzeitige Lockerung der Kappe in diesem Fall mit großer Wahrscheinlichkeit letztlich auf der ausgebliebenen festen knöchernen Einheilung der Kappe und nicht auf technischen Mängeln am Stielgewinde.

B. Neuentwicklungen mit Auftreten unerwünschter Folgen

In den letzten 10–15 Jahren ist eine Fülle von neuen Implantaten auf den Markt gekommen.

Neue Medizinprodukte müssen, wie oben dargestellt, zunächst nach den technischen Normen den aktuellen Standard erfüllen. Nachdem sich die biologische Situation nur in erheblichen Grenzen auf Laborbedingungen übertragen lässt, können bei Neuentwicklungen immer wieder teils nicht vorhersehbare Probleme auftreten. Für den Patienten bedeutet dieses in der Regel zumindestens, dass eine weitere Operation mit Entfernung des nicht mehr funktionstüchtigen Implantats und ein Ersatz durch Standardmaterialen erforderlich wird.

Zur Bewertung der klinischen Leistungsfähigkeit eines Implantats muss zunächst eine hinreichend große Serie implantiert werden. Erst Jahre später kann im Rahmen einer Untersuchung z. B. festgestellt werden, ob sich das Implantat noch im Körper des Patienten befindet. Ggf. muss der Zeitpunkt der Entnahme des Implantats oder im Falle des Versterbens des Patienten der Zeitpunkt des Todes und das Schicksal des Implantats ermittelt werden. Aus diesen Daten kann dann die Überlebenswahrscheinlichkeit über die Beobachtungszeit berechnet werden.

Für die Bewertung der Leistungsfähigkeit eines Implantats ist das Heranziehen des Wertes der langzeitigen Überlebenswahrscheinlichkeit allgemein anerkannt. Hierbei handelt es sich um die Wahrscheinlichkeit, dass sich das Implantat nach 10 Jahren noch im Körper des Patienten befindet.

Damit wird deutlich, dass für Implantate und Implantationstechniken erst nach relativ langer Zeit belegt werden kann, dass zumindest eine Gleichwertigkeit mit dem Standard, d. h. mit Implantaten mit bekannten Langzeitüberlebensdaten, vorliegt.

Die Vergangenheit hat mehrfach gezeigt, dass bei Neuentwicklungen im weiteren Verlauf erheblich schlechtere Ergebnisse im Vergleich zu den bei Standardimplantaten festzustellen waren. Letztlich mussten die Patienten die Folgen, die ihre weitere Lebensführung teils schwer und auf Dauer beeinträchtigten, tragen.

I. Versagen einer Gleitpaarung Titankopf, beschichtet, gegen Polyethylen

Das Verschleißverhalten von Standardgleitpaarungen wie z. B. Metall/Polyethylen ist sehr gut durch langjährig laufende Untersuchungen bekannt.

Wenn es im Einzelfall zu einem auffälligen Kunststoffverschleiß innerhalb weniger Jahre mit der Notwendigkeit einer weiteren Operation kommt, setzt u. U. eine Suche nach der Ursache ein.

In einem konkreten Fall musste aus diesem Grunde knapp 5 Jahren nach der Erstimplantation eine Revisionsoperation mit Wechsel des ausgeriebenen Kunststoffeinsatzes und des Prothesenkopfes vorgenommen werden.

Auffallend war bei der weiteren Prüfung, dass bei der Erstoperation ein Prothesenkopf aus Titan mit TiN-Beschichtung (= Titan-Nitrit-Beschichtung) eingesetzt wurde, der gegen Polyethylen lief. Nach den Angaben im Operationsbericht der Revisionsoperation war die Beschichtung des Prothesenkopfes unauffällig. (Als Standardmaterial für einen Prothesenkopf aus Metall, der gegen Polyethylen läuft, hat sich eine Cobalt-Chrom-Legierung etabliert. Die Beschichtung mit TiN auf Titan kam zunächst bei Patienten mit bekannter Kontaktallergie gegen Metall bei Knieprothesen zum Einsatz. Titan besitzt als Gleitpartner eine ungenügende Festigkeit gegen Reibkorrosion, weshalb eine Oberflächenbehandlung erforderlich ist. Inwieweit durch Beschichtungen im Bereich der Gleitpartner eine Verbesserung der tribologischen Eigenschaften mit Verminderung des anfallenden Abriebs erfolgt, muss ggf. durch langfristige Beobachtung einer hinreichend großen Fallzahl geklärt werden).

Die Ursache des übermäßigen Verschleißes dürfte in ungünstigen tribologischen Eigenschaften der gewählten Gleitpaarung liegen. Andere Ursachen waren jedenfalls nicht erkennbar. Ausgehend hiervon kamen mikroskopische Schäden der Beschichtung als Ursache in Betracht, nachdem mit bloßem Auge keine Beschädigungen der Beschichtung festzustellen war.

(Lappalainen und Santavirta (Potential of coatings in total hip replacement. Clin Orthop Relat Res. 2005 Jan;(430):72–9) beschreiben verschiedene Beschichtungstechniken und -materialien, u. a. Titan-Nitrit, die vielversprechende Ergebnisse gezeigt haben. Es wird angenommen, dass Beschichtungstechniken die tribologische Leistungsfähigkeit und die Standzeit von künstlichen Hüftgelenken verbessern. Als essentielle Anforderungen an Beschichtungen werden keine Ablösung im biochemischen Milieu und unter biomechanischer Beanspruchung sowie sicherer Schutz des Substrates vor Korrosion genannt.

Dagegen beobachteten Harmann et al. (Wear analysis of a retrieved hip implant with titanium nitride coating. J Arthroplasty 1997 Dec;12(8): 938–45) anhand der Untersuchung eines nach dem Tode des Patienten entnommenen Implantats, das sich ein Jahr im Körper befunden hatte, Rauheiten durch Delaminierung und adhäsiven Abrieb an der Oberfläche. Der beobachtete Verschleiß erfordert nach Ansicht der Autoren vor dem breiten Einsatz von TiN-Beschichtungen umfangreiche Prüfungen und Untersuchungen.

Raimondi und Pietrabissa (The in-vivo wear performance of prosthetic femoral heads with titanium nitride coating. Biomaterials 2000 May;21(9):907–13) konnten 4 TiN-beschichtete Prothesenköpfe, die sie im Rahmen von Revisionsoperationen gewonnen hatten, elektronenmikroskopisch, röntgenspektrografisch und oberflächentopografisch untersuchen. Daneben wurde das Volumen des Pfannenabriebes anhand einer Vermessung der Pfannenkomponente bestimmt. In 2 von 4 Fällen zeigten sich ein Fretting (abrasiver Verschleiß) und Durchbrüche im Beschichtungsbereich. Die Oberflächenrauigkeit hatte in beschädigten Bereichen von 0,02 auf 0,37 μ zugenommen. Hierdurch und dem Versagen der Beschichtungshaftung mit Freisetzung von TiN- und Grundwerkstoff-Partikeln mit Fretting wurde ein dementsprechender Verschleiß am Polyethylen verursacht. Die Autoren schlussfolgern, dass TiN-beschichtete Prothesenköpfe keine adäquate Resistenz gegen Dreikörperverschleiß in vivo aufweisen).

Eine klinische Studie mit belegtem Vorteil einer TiN-Beschichtung konnte bei der orientierenden Literaturrecherche nicht gefunden werden. Ausgehend davon, dass für das konkret eingesetzte Produkt entsprechende Laboruntersuchungen, insbesondere geeignete Simulatoruntersuchungen, vorgenommen wurden, war der Einsatz dennoch vertretbar, wenn sich die Patientin nach entsprechender Aufklärung hierfür entschieden hatte.

II. Einsatz eines Implantationsroboters – Robodoc

Die Bedeutung der Robodoctechnik nach der Euphorie hierfür in den 90er Jahren liegt zunächst in der Bewertung als experimentelles Verfahren durch die Rechtsprechung. Hieraus ergibt sich aus medizinischer Sicht der Maßstab zum Vergleich mit anderen „neuen" Verfahren, um diese zu bewerten. Im Übrigen werden Operationsroboter weiterentwickelt, angeboten und eingesetzt. Damit dürfte das Thema auch in Zukunft aktuell sein.

Bei der Verwendung eines Operationsroboters im Rahmen des Ersatzes des Hüftgelenks vom Typ Robodoc wird zunächst die Form des Oberschenkelknochens mit einer Computertomografie erfasst und hieraus ein dreidimensionales virtuelles Modell ermittelt. Anhand dessen erfolgt die Planung des Eingriffes zunächst am Computer.

Im Operationssaal wird das Bein im Beinhalter gelagert. Es folgt ein Abgleich des Operationsroboters mit der Position des Oberschenkelknochens. Anschließend kann der Fräsvorgang, d. h. Zuarbeiten der Markhöhle des Oberschenkelknochens entsprechend der Prothesenstielform, unter Verwendung der präoperativ ermittelten Daten durchgeführt werden. Der Einsatz des Prothesenstieles erfolgt manuell.

Im Gegensatz hierzu wird bei der Operation nach dem Standard das Aufarbeiten der Markhöhle mit Raspeln aufsteigender Größen von Hand erledigt.

Die Pfanne wird in jedem Fall in konventioneller Implantationstechnik implantiert.

Zum Vorteil der Robodoc-Methode wurde eine höhere Präzision angegeben und hieraus abgeleitet, dass die robotergestützte Aufarbeitung der Knochenhöhle zu einem besseren klinischen Ergebnis führen würde.

Nach Honl et al. (Comparison of robotic-assisted and manual implantation of a primary total hip replacement, a prospective study. JBJS-A 85, 1470–78) wurde dieser Vorteil nie in einer prospektiven Studie belegt.

Die Autoren verglichen prospektiv 80 Patienten mit konventioneller Operationstechnik mit 74 Patienten, die mit dem Robodoc operiert worden waren. In 13 Fällen (18 %) versagte der Roboter, so dass auf die manuelle Implantation übergegangen werden musste. Die verbleibenden mit Roboterunterstützung implantierten 61 Fälle schnitten im Hinblick auf Operationsdauer, Luxationen, 18,33 % versus 3,75 %, Nachoperationen ohne Infektionen, 13,11 % versus 0 %, und bei passagerer Nervenfunktionsstörung, 7 versus 3 %, schlechter ab. In allen Fällen der Robotergruppe fand sich bei der Revision eine Ablösung der Abduktoren an ihrer Insertionsstelle am Femur. Dagegen waren die Ergebnisse bei der Wiederherstellung der Beinlänge und Ausrichtung der Prothesenstielachse bei Einsatz des Robodoc günstiger.

Die zeitweise günstigeren klinischen Ergebnisse mit Roboterunterstützung glichen sich bis zu einer Beobachtungszeit von 24 Monaten aus.

Siebel und Käfer (Clinical outcome following robotic assisted versus conventional total hip arthroplasty: a controlled and prospective study of seventy-one patients. Z Orthop. 2005, 391–8) verglichen prospektiv nach im Mittel 18 Monaten 35 konventionell operierte Patienten mit 36, die mit Hilfe eines Roboters versorgt worden waren. Sie konnten, bei wesentlich kleineren Fallzahlen wie bei der Arbeitgruppe um Honl, eine Luxation in der ersten und zwei in der zweiten Gruppe feststellen, ohne dass hierbei ein Signifikanzniveau erreicht wurde. Bei der Abduktionskraft, d. h. der Fähigkeit das Becken im Einbeinstand zu stabilisieren, und dem Trendelenburghinken (26 versus 61 %) bestanden hochsignifikante Unterschiede zugunsten der konventionell operierten Patienten.

Dementsprechend kommt Schräder (Grundsatzgutachten roboterunterstützte Fräsverfahren am coxalen Femur bei Hüfttotalprothesen. MDS, April 2004) nach einer Literatursichtung u. a. zu dem Ergebnis, dass typische Komplikationen (Luxationen, Nervenschäden, Wundheilungsstörungen, Frühinfektionen und Revisionen) bei Einsatz des Roboters häufiger auftreten. Ein Beleg für ein besseres Langzeitergebnis der Robotergruppe fehlt.

Solange Langzeitergebnisse für die Robodoc-Technik fehlen, handelt es sich insoweit um ein experimentelles Verfahren, bei dem potenziell mögliche, vielleicht unbekannte aber auch schwerwiegende, Risiken den postulierten, aber nicht belegten, Chancen gegenüberstehen.

Angesichts dessen war eine entsprechende Eingriffsaufklärung der Patienten erforderlich. Die Patienten mussten insbesondere die Möglichkeit zusätzlicher erheblicher Risiken kennen. Bei der Alternative der Standardmethode waren dagegen Möglichkeiten und Grenzen anhand langfristiger Ergebnisse und dem Risikoprofil bekannt.

Letztlich ging es bei der Technik des Robodoc-Verfahrens nicht um komplexe Probleme, wie z. B. eine Fehlfunktionen des Fräsroboters, sondern in erster Linie um eine von der Technik her normale Operation. Das wesentliche Problem war wahrscheinlich, dass häufig eine übermäßige Ablösung von Muskelgruppen erfolgte, teils auch eine übermäßige Dehnung der Weichteile, um genügend Platz für die Apparatur zu schaffen. Dass die abgelöste Muskulatur im Weiteren teilweise nicht mehr voll funktionstüchtig ausheilte führte zu einer ungenügenden muskulären Führung, eine übermäßige Dehnung der Weichteile zu Dehnungs- und Druckschäden. Es handelt sich aus chirurgischer Sicht um ein operationstechnisches Problem, das von den Operateuren offensichtlich nicht ausreichend gelöst werden konnte. Der Operationsroboter war nur der Auslöser für ein letztlich ungenügendes Weichteilmanagement.

III. Kappenprothese

Bereits Ende der 70-er Jahre stellte Wagner einen Gelenkersatz mit einer Schalen/Kappenprothese für den Oberschenkelkopf vor, bei dem die Metallkappe gegen eine Kunststoffpfanne lief. Das Operationsverfahren führte wegen eines hohen Abriebs der zwangsläufig dünnen pfannenseitigen Kunststoffschale und ungenügender Fixierung der Kopfkappe zum häufigen Versagen und musste deshalb wieder verlassen werden. So bewerteten Yue et al. (Hip resurfacing arthroplasty: risk factors for failure over 25 years. Clin Orthop Relat Res. 2009 Apr;467(4):992–9) die Überlebensrate des Designs der ersten Generation nach 10 Jahren mit nur 27 %.

Das Konzept wurde in den 90-er Jahren durch McMinn et al. unter Verwendung abriebfester Gleitpartner in Form einer Metall-Metall-Gleitpaarung (= Metallkappe läuft gegen eine Metallschale) neu propagiert (Kappenprothese nach McMinn, auch als BHS (= Birmingham-Hip-System) bezeichnet).

Mittelfristige Ergebnisse ab 5 Jahren Nachbeobachtungszeit wurden über das Birmingham-Hip-System ab 2006 publiziert (Pollard et al.: Treatment of the young active patient with osteoarthritis of the hip. A five-to seven-year comparison of hybrid total hip arthroplasty and metal-on-metal resurfacing. J Bone Joint Surg Br. 2006 May;88(5):592–600. Heilpern et al.: Birmingham hip resurfacing arthroplasty: a series of 110 consecutive hips with a minimum five-year clinical and radiological follow-up. J Bone Joint Surg Br. 2008 Sep;90(9):1137–42). Dabei ermittelten Heilpern et al. bei 110 Operationen eine Überlebenswahrscheinlichkeit nach 5 Jahren von 96,3 %.

Sehatzadeh et al. (Metal-on-metal hip resurfacing arthroplasty: an analysis of safety and revision rates. Ont Health Technol Assess Ser. 2012; 12(19):1–63) fanden bei einer Analyse von Revisionsraten von Kappenprothesen für die BHR-Prothese zwei Arbeiten mit einer Beobachtungszeit von über 9 Jahren. Einmal lag diese bei 6,9 % nach gut 10 Jahren, zum anderen bei 9,3 % nach 9 Jahren.

Hauptgründe für das Versagen sind die Lockerung der Femurkappen und Schenkelhalsfrakturen. Daneben häufig berichtete Komplikationen sind die Lockerung der Pfanne, Reaktionen auf eingesetzte Metalle, Dislokation und Nervenverletzung (Nunley et al.: Is patient selection important for hip resurfacing? Clin Orthop Relat Res. 2009 Jan;467(1); 56–65).

Zu der Produktion von Metallionen bei Metall-Metall-Gleitpartnern mit konsekutiv erhöhten Metallkonzentrationen im Blut weisen Hing et al. (Hip resurfacing: indications, results, and conclusions. Instr Course Lect. 2007;56:171–8) auf unbekannte aber mögliche kanzerogene und immunologische Effekte hin. Belastbare Erkenntnisse hierzu fehlen bis heute (Sehatzadeh et al., siehe oben).

Die Wertigkeit einer Kontaktallergie gegen Metalle als potenzielle Beschwerdeursache bei komplikationsbehafteter Endoprothese ist bis heute offen. Auch wenn das Risiko der Entwicklung von metallallergisch bedingten Komplikationen nicht genau abschätzbar ist, wird derzeit bei bekannter Metallallergie von einer Metall-Metall-Gleitpaarung abgeraten (Thomas und Thomsen: Implantatallergien. Hautarzt 2010, 61, 255–264).

IV. Neuere Kappenprothesenmodelle

Mit zunehmenden Implantationszahlen wurden derartige Systeme von weiteren Implantatherstellern angeboten mit zwangsläufig zunächst fehlenden Erfahrungen.

In einem konkreten Fall hatte ein Patient eine Kappenprothese vom Typ ASR erhalten. Schon wenige Wochen nach der Implantation musste wegen einer Lockerung der Kappe auf eine Standardprothese übergegangen werden.

Die im konkreten Fall implantierte ASR-Prothese wurde wegen schlechter Ergebnisse 2010 vom Markt genommen werden (FDA-Food and Drug Administration Recalls sowie Rückrufschreiben der Fa. DePuy. Die bei dem Kläger implantierten Komponenten waren, anhand der Teile-Nummern feststellbar, von dem Rückruf betroffen).

Bernthal et al. (Disappointing shortterm results with the DePuy ASR XL metal-on-metal total hip arthroplasty. J. Arthroplasty 2011) berichteten von einer Revisionsrate von 17 % bei einer Beobachtungszeit von minimal 24 Monaten.

Underwood et al. (A comparison of explanted articular surface replacement and Birmingham hip resurfacing components. JBJS Br 2011, 93(9):1169–77) gaben eine Versagensrate von 12 % über 5 Jahre, Langton et al. (Accelerating failure rate of the ASR total hip replacement. JBJS Br 2011, 93(8):1011–6) von 25 % nach 6 Jahren an.

Soweit sich der Patient, entsprechend aufgeklärt, für die Neuentwicklung entschieden hatte, war der Einsatz der ASR-Prothese vertretbar. Letztlich hatte sich wahrscheinlich das zunächst unbekannte Risiko von hohen Versagensquoten der ASR-Prothese verwirklicht und zu der Revisionsoperation geführt. Da Letztere ohne weitere Komplikationen verlaufen ist, verblieben als greifbare längerfristige Folgen zunächst die Schädigung des Pfannenlagers mit einem gewissen Knochenverlust im Pfannenzentrum, eine potenzielle Schädigung der Weichteile durch den Zweiteingriff und eine, möglicherweise als Folge des Zweiteingriffs entstandene, Verknöcherung am kleinen Rollhügel.

Letztlich ist es immer Sache des Patienten zu entscheiden, welche Restrisiken er tragen will. Nach entsprechender Eingriffsaufklärung kann er sich entweder für eine Neuentwicklung bei der neben möglichen Vorteilen unbekannte Risiken nicht ausgeschlossen werden können, oder für ein Standardimplantat mit gut bekannten Eigenschaften entscheiden.

Standard war und ist die Versorgung mit einer Standardprothese (der oberschenkelseitige Prothesenanteil besteht aus einem Stiel mit Prothesenkopf, der in der

Markhöhle des Oberschenkelknochens verankert wird), deren Langzeitergebnisse, Chancen und Risiken durch zahlreiche Untersuchungen be- und anerkannt sind.

Der Nachteil im Vergleich zu Kurzstiel- und Kappenprothesen wird darin gesehen, dass der Oberschenkelknochen über die Länge des Prothesenstiels langfristig geschädigt wird und im Falle des Implantatversagens nur noch eingeschränkt, u. U. auch nicht mehr für die Verankerung eines weiteren Prothesenstiels zur Verfügung steht.

C. Inkompatibilitäten der eingesetzten Produkte

Die Komponenten einer Endoprothese müssen zusammenpassen.

Deshalb findet sich regelmäßig bei den Implantaten eine Packungsbeilage, z. B. in Form von „wichtige Informationen für den Operateur", des Lieferanten der Prothesenteile. Dort wird unter dem Abschnitt „Wichtig" typischerweise ausgeführt: „Prothesenimplantate der Firma dürfen nicht mit anderen Systemen kombiniert werden, da durch die Möglichkeit einer ungenauen Einpassung eine verfrühte Abnützung, Fehlstellung und Bruch des Implantates hervorgerufen werden könnte".

Soweit im Schadensfall festzustellen ist, dass die behandelnde Klinik von den Sicherheitshinweisen des Lieferanten bzw. Herstellers ohne Not abgewichen ist, wurde hierdurch ein potenzielles Risiko für den Patienten ohne erkennbare Vorteile eingegangen. Insofern ist das Vorgehen ohne Zweifel fehlerhaft. Das Vorgehen ist daneben auch unverständlich, da es zu den einfachsten ärztlichen Pflichten gehört, die Sicherheitshinweise zu lesen und umzusetzen. Dass die Sicherheitshinweise nicht gelesen bzw. nicht beachtet werden, sollte ohne nachvollziehbare Begründung angesichts des Drohens auch schwerwiegender Folgen für den Patienten nicht unterlaufen. In der Regel lassen sich jedenfalls keine fassbaren Gründe erkennen, die eine Abweichung von den Hinweisen des Herstellers rechtfertigen könnten.

I. Kombination von Prothesenteilen verschiedener Hersteller

Sind nicht vom Hersteller zugelassene Kombinationen zum Einsatz gekommen, wird gelegentlich auch von gerichtlichen Sachverständigen argumentiert, dass die Kombination von Prothesenanteilen verschiedener Hersteller bei den Hart/Weich-Paarungen zumindestens bei dem Einsatz Metall/Polyethylen üblich ist.

Abgesehen davon, dass auch diesem Vorgehen das Medizinproduktegesetz entgegensteht, kann diese Vorgehensweise bei Einsatz von Keramikköpfen wegen fehlender Passung von Konus und Kopf zum Bruch der Keramik führen. In diesem Zusammenhang ist von Bedeutung, dass von den Herstellern teils unterschiedliche Steigungswinkel an dem Konus von Stiel und Kopf verwendet werden. Die Abweichung des Steigungswinkels war in einem hier bekannten Fall konkret so gering, dass der Operateur dies weder mit dem bloßen Auge erkennen, noch bei der Befestigung des Kopfes auf dem Konus bemerken konnte. Die Kombination der genannten Teile führte dann zu mehreren Kopfbrüchen.

Eine zuverlässige Einordnung der Werkstoffeigenschaften und der technischen Konfiguration durch den anwendenden Arzt kann mangels Fachkenntnissen, dies dürfte jedenfalls die Regel sein, nicht erfolgen. Deshalb ist es unverständlich, wenn ein Arzt unter Missachtung der Herstellervorgaben ein für den Patienten unschwer vermeidbares zusätzliches Risiko eingeht. Die Bewertung dieser Vorgehensweise als unverständlich dürfte auch für den medizinischen Laien nachvollziehbar sein. Welcher Patient würde sich in Kenntnis dieser Vorgehensweise von diesem Arzt operieren lassen wollen?

Werden Implantatteile unterschiedlicher Lieferanten ohne entsprechende Genehmigungen durch den Hersteller und damit nicht zulässig kombiniert, wird gelegentlich eine Notsituation im Sinne der Unvorhersehbarkeit behauptet. So konnte z. B. der ursprünglich geplante Prothesenstiel, der zu dem Prothesenkopf gepasst hätte, nicht eingesetzt werden. Unter dem Stichwort „Situationsentscheidung des Operateurs“ wird dann eine nicht zulässige Kombination gewählt.

Im einem konkreten Fall fehlte zunächst die obligate präoperative Planungsskizze, mit der die ungefähre Größe der erforderlichen Implantate vor der Operation festgelegt werden muss (die Notwendigkeit einer präoperativen Planung ist seit langem anerkannt und hat auch Eingang in die Leitlinie gefunden). Bei ordnungsgemäßer Planung und Vorhalten eines entsprechend geeigneten Prothesensystems eines Herstellers ist die Versorgung mit den entsprechenden Einzelkomponenten dieses Herstellers nahezu in allen Fällen unschwer möglich.

Eine durch eine besondere intraoperative Situation entstehende Notlage, die durch die erforderliche präoperative Planung nicht vermieden hätte werden können, war damit bei der Beurteilung nach Eintritt des Schadens nicht erkennbar.

Andererseits besteht die Möglichkeit, dass trotz nicht zugelassener Kombination von Implantatteilen unterschiedlicher Hersteller dennoch die Kompatibilität gegeben ist. Dies betrifft vor allem Keramikköpfe der großen Hersteller, die diese an mehrere Firmen zur Kombination mit deren Prothesenstielen liefern. Nach Feststellung, dass es sich um den gleichen Kopfhersteller handelt, kann dieser ggf. die Kompatibilität bestätigen. Die an sich nicht zulässige Kombination hätte dann insoweit mit sehr hoher Wahrscheinlichkeit keine Folgen.

II. Wiederverwendung des im Körper des Patienten befindlichen Prothesenkopfes

Bei einem anderen Patienten war vor ca. 14 Jahren das linke Hüftgelenk durch eine Prothese ersetzt worden. Die Vorstellung erfolgte wegen seit einigen Wochen zunehmenden belastungsabhängigen Schmerzen in der linken Hüfte. Nach den Angaben des Patienten waren seine Unterlagen nach 10 Jahren vernichtet worden und daher hierüber keine Auskunft über die einliegenden Implantate möglich.

Die Behandler rieten bei klinischen und radiologischen Hinweisen für eine Lockerung der Kunstpfanne zu einer Operation. Ggf. sollte auch der Prothesenstiel getauscht werden.

Bei der Operation bestätigte sich eine Lockerung der Kunstpfanne. Der Prothesenkopf aus Metall wurde von dem fest sitzenden Stiel abgeschlagen. Nach Implantation der neuen Pfanne fiel ein ungewöhnlicher Konus am Prothesenstiel auf. Deshalb wurde der Originalkopf wieder verwendet.

Bei nach einigen Wochen neuerlich aufgetretenen Beschwerden wurde bei intermittierenden Schmerzen trotz unverändertem Röntgenbefund unter der Annahme einer Stiellockerung eine Revisionsoperation durchgeführt. Dabei zeigte sich eine deutliche Lockerung der Pfanne, die sich mit wenigen Schlägen in den Zwischenraum zum Knochen hin entfernen ließ. Es folgte ein Wechsel von Pfanne und Prothesenstiel.

Zur Vorbereitung der Operation zum geplanten Pfannenwechsel war eine Klärung der Art der Implantatteile erforderlich. Dies war schon deshalb notwendig, um zu vermeiden, dass man durch Kombination von Teilen unterschiedlicher Hersteller ohne Unbedenklichkeitsbescheinigung selbst ein Medizinprodukt in Verkehr bringt, ohne dass ein ordnungsgemäßes Bewertungsverfahren vorgenommen wurde (inwieweit eruiert wurde bzw. werden konnte, welche Implantate durch das damals tätige Krankenhaus verwendet wurden und/oder ob eine Zuordnung des Herstellers anhand Röntgenaufnahmen möglich war, musste mangels entsprechender Daten offen bleiben). Soweit eine Zuordnung nicht möglich war, war es Sache des Patienten ein zusätzlich mögliches Risiko, z. B. durch Wiedereinbau des alten Kopfes, in Kauf zu nehmen oder, alternativ, sich aus diesen Gründen für einen Wechsel auch des u. U. noch festen Prothesenstiels zu entscheiden.

Damit war das Vorgehen mit Wiederverwendung des alten Kopfes vertretbar, soweit eine Klärung der Art der einliegenden Materialien nicht möglich war, sich der Patient für die Alternative eines Erhalts des Prothesenstiels mit den damit einhergehenden Risiken entschieden hatte und den Eingriff in dieser Form wünschte.

Soweit der Hersteller in Erfahrung gebracht werden konnte, war es Sache der Behandler die notwendigen Implantatteile bereitzustellen.

Dass letztlich eine erfolgreiche knöcherne Heilung im Bereich der zementfrei verankerten Kunstpfanne ausgeblieben ist, stellt ein typisches Risiko des durchgeführten Eingriffs dar und lässt keinen zuverlässigen Rückschluss auf eine fehlerhafte Vorgehensweise zu.

Nicht auszuschließen ist allerdings, dass durch die Weiterverwendung des alten Kopfes ein vermehrter Anfall von Kunststoffabrieb verursacht wurde, der die dauerhafte Einheilung der Pfanne behinderte bzw. das Auftreten eines Knochenabbaus induziert hat. Ursächlich hierfür können z. B. Abweichungen der Kopfkonfiguration oder Mikrobeschädigungen der Oberfläche sein.

III. Austausch eines Keramikkopfes einer Keramik/Keramik-Paarung durch einen Metallkopf

Bei einem Patienten war vor ca. 3 Jahren ein künstliches Hüftgelenk implantiert worden. Als Gleitpartner wurde der Werkstoff Keramik gewählt, d. h. es handelte sich um eine sogenannte Keramik/Keramikpaarung (der Prothesenkopf, eine Keramikkugel läuft gegen einen halbmondförmigen Pfanneneinsatz aus Keramik. Der Keramikeinsatz sitzt, über eine konische Verklemmung verbunden, in der halbmondförmigen Metallpfanne, die wiederum im Knochen verankert wird).

Trotz der Versorgung mit einem künstlichen Hüftgelenk bestanden weiterhin Beschwerden,u. a. konnte das Bein nur eingeschränkt belastet werden, es knackte im Gelenk.

Das Beschwerdebild wurde in einer Universitätsklinik bei radiologisch knapper Distanz zwischen Becken und dem Oberschenkelknochen einer möglichen Subluxation (Fehlstellung im Sinne einer beginnenden Verrenkung) zugeordnet. Eine neurologische Ursache der Beschwerden wurde ausgeschlossen und eine Bildwandlerkontrolle (Röntgenaufnahme mit fahrbarem Gerät) des Hüftgelenkes unter Zug vorgenommen. Dem Patienten wurde zum Konusaufsatz- oder Pfannenwechsel geraten (durch einen Konusaufsatz kann die Halslänge und damit die Gewebespannung, die das Gelenk führt, verändert werden. Bei dem Wechsel der fest sitzenden Pfanne wurde wohl an die Umsetzung einer günstigeren Position gedacht).

Bei der nachfolgenden Operation wurde der Prothesenkopf aus Keramik durch einen Metallkopf aus einer Kobalt-Chrom-Legierung ersetzt. Eine durchgreifende Besserung trat nicht ein. Im weiteren Verlauf kam es zu Sensibilitätsstörungen an beiden Füßen, dann auch zu einem zunehmenden Hör- und Sehverlust. Trotz Konsultation mehrerer Behandler konnte zunächst keine Ursache für das Beschwerdebild festgestellt werden. Schließlich zeigte sich anhand einer Röntgenkontrolle der Prothese, dass es durch praktisch vollständigen Abrieb des Metallkopfes zu einer schwersten Metallose gekommen war.

Bei einer folgenden Prothesenwechseloperation konnte der Metallabrieb zu großen Teilen entfernt und eine neue Prothese stabil verankert werden.

Eine Serumuntersuchung während der nachfolgenden Reha-Behandlung zeigte, dass eine massive Erhöhung der Serumspiegel von Kobalt um das 884-fache und von Chrom um das 140-fache, jeweils ausgehend von dem oberen Grenzwert, vorlag. Im Liquor wurde ein Überschreiten des oberen Grenzwertes von Kobalt um 23 % festgestellt. Im Weiteren fielen die Serumkonzentration von Kobalt erheblich und von Chrom spürbar.

Bei den sogenannten Hart/Hart-Paarungen (Metall/Metall und Keramik/Keramik) zeichnet sich die Keramik dadurch aus, dass nahezu kein Abrieb entsteht und dieser areaktiv ist. Der Nachteil besteht in einem Restbruchrisiko (siehe Abschnitt Keramikbruch oben). Voraussetzung für das Funktionieren von Keramik/Keramik-Paarungen ist eine hohe Passgenauigkeit (mit dem Einsatz der Paarung Metall/Metall wird das Bruchrisiko der Keramik vermieden. Als Nachteil wird eine fortlaufende Belastung des Organismus mit den Metallbestandteilen der eingesetzten Legierung gesehen, die in der Einlaufphase besonders hoch ist).

Eine Verbesserung der Hart/Hart-Paarung wäre in einer weiteren Verminderung des Abriebes zu sehen. Mit diesem Ziel wurde auch die Paarung Keramik/Metall untersucht. Firkins et al. führten 2001 erstmals entsprechende Laboruntersuchungen durch (Keramikkopf läuft in einer Halbschale aus Metall). Gegenüber der Metall/Metall-Paarung fanden sie dabei eine etwa 100-fach niedrigere Abriebrate. Auch die Abriebrate beim Einlaufen während der ersten Million Zyklen war bei der Metall/Metall-Paarung höher. Nach 5 Mio. Zyklen war die Partikelgröße statistisch signifikant kleiner geworden und bei der Keramik/Metall-Paarung knapp halb so groß wie bei der Metall/Metall-Paarung.

Über einen klinischen Einsatz der Keramik/Metall-Paarung wurde, soweit hier bekannt, erstmals von Williams et al. 2007 berichtet. Dabei zeigten sich in einer Kurzzeitstudie bei 31 Patienten 6 Monate nach der Operation niedrigere Metallionenspiegel (Kobalt und Chrom) bei Einsatz einer Keramik/Metall-Paarung verglichen mit einer Metall/Metall-Paarung.

Untersuchungen zu einer Metall/Keramik-Paarung, wie im konkreten Fall entstanden, fehlen.

Damit war im Fall des Patienten die Maßnahme (= operative Revision) potenziell geeignet eine Verbesserung der Beschwerden zu erreichen. Die Erfolgsaussicht war allerdings, bei fehlenden eindeutigen Kriterien zur Ursache der Beschwerdeauslösung, unsicher aber gegeben, der Eingriff insofern vertretbar.

Durch den beigezogenen Operationsbericht von der Voroperation und den vom Patienten übergebenen Prothesenpass war präoperativ klar, dass es sich um eine Keramik/Keramikpaarung handelte. Ein reiner Wechsel des Keramikkopfes auf einen neuen Keramikkopf ging wegen potenzieller Beschädigung des Metallkonus mit einer unter Umständen erheblich verminderten statischen Bruchlast und deshalb mit einem unter Umständen erheblich erhöhten Bruchrisiko des neu aufgesetzten Keramikkopfes einher.

Die Verwendung eines Metallkopfes im Sinne eines Versuchs setzte, abgesehen davon, dass die im Vorfeld erforderlichen Laboruntersuchungen fehlten, an erster Stelle eine hohe Passgenauigkeit zwischen dem Metallkopf und dem vorhandenen Keramikeinsatz voraus, um nicht schon wegen Differenzen in diesem Bereich mit Beanspruchungsspitzen ein hohes Risiko des Versagens des weicheren Anteils einzugehen. Der Einsatz eines Metallkopfes im Falle des Patienten als Gleitpartner zu dem vorhandenen Keramikeinsatz ohne Not war deshalb unverständlich und sollte wegen des hohen, wenn nicht programmierten Fehlschlagrisikos, schlechterdings nicht unterlaufen. Eine Notsituation ist schon deshalb nicht ansatzweise zu erkennen, weil der Pfannenhersteller als Einsatz in die Metallschale sowohl Polyethylen- als auch Keramikeinsätze zur Verfügung stellt. Soweit die Einsätze bei der Beklagten nicht routinemäßig zur Verfügung standen, hätte man diese bei der Vorbereitung des Eingriffs über den Hersteller bzw. Vertreiber einschließlich eines Leihinstrumentariums rechtzeitig besorgen müssen. Man hätte dann den Keramikeinsatz aus der Metallschale entnehmen und durch einen Kunststoffeinsatz ersetzen können. Die entstandene Paarung mit einem geeigneten Metallkopf hätte einer Standardpaarung entsprochen.

Wenig nachvollziehbar waren die Ausführungen des zunächst tätigen Sachverständigen, der das Auswechseln von Gelenkköpfen in Modularsystemen als üblichen Revisionseingriff bezeichnete und die Paarungen Metall/PE, Keramik/PE und Keramik/Keramik aufführte. Entgegen der genannten Gleitpartnerkombinationen wurde der Kopfwechsel auf einen Metallkopf als unfallchirurgischer Standard bezeichnet. Der Verschleiß infolge Abrieb des Materials sei abhängig von dessen Verschleißfestigkeit, der Verträglichkeit und der Bioinertheit. Dass der Verschleiß von Bewegungspartnern entscheidend von deren geometrischer Passgenauigkeit abhängig ist und nur zugelassene Kombinationen verwendet werden dürfen, wurde nicht erwähnt. Die Schlussfolgerung des Gutachters, dass der Abrieb des Materials und die daraus resultierenden Komplikationen den Operateuren nicht angelastet werden können, konnten deshalb nicht nachvollzogen werden.

Der Sachverständige für Augenheilkunde ging von einem ursächlichen Zusammenhang der Beeinträchtigungen mit der Metallintoxikation aus. Wegen der fehlerbedingt eingetretenen Beschädigung der Keramik muss zudem mit der Möglichkeit des Zurückbleibens von Splittern und infolge dessen mit einem verstärkten Verschleiß der zwischenzeitlich vorliegenden Keramik/Polyethylen-Paarung gerechnet werden.

Die nach der Operation ausbleibende durchgreifende Besserung belegt lediglich, dass die Wertigkeit der Halslänge im Hinblick auf das Beschwerdebild präoperativ im Sinne eines Diagnoseirrtums falsch eingeschätzt worden war. Das Nichteintreten des erwünschten Erfolges haftete nicht der fehlerhaften Wahl des Prothesenkopfes an, weil in der Frühphase die zunächst naturgemäß geringe Abriebmenge keine entscheidende Rolle spielen konnte. Es handelte sich vielmehr um die Verwirklichung des Restrisikos, dass sich das Beschwerdebild trotz Operation nicht durchgreifend bessert.

D. Mangelhafte Sorgfalt im Zusammenhang mit dem Einsatz der Produkte

Ein Versagen eines Medizinproduktes muss nicht immer eine materialtechnische Ursache haben. Wird die erforderliche Sorgfalt bei dem operationstechnischen Vorgehen von den Ärzten nicht eingehalten, kann es ebenfalls zum Misserfolg bzw. Versagen der Materialen kommen.

I. Kappenprothese

Die Implantation einer Kopfkappe geht mit dem typischen Risiko einer Schenkelhalsfraktur als häufigste Komplikation einher. Die Inzidenz wird in der Literatur mit 1–3 % angegeben.

Neben Risikofaktoren wie ungünstige Knochenqualität kann das Versagen auch auf chirurgisch-technischen Fehlern beruhen. So sind die akuten Frakturen, die innerhalb weniger Wochen nach der Implantation auftreten, der Phase der initialen Vollbelastung entsprechen und im Schenkelhals liegen nach, Ansicht von Zustin et al. (Morphologic analysis of periprosthetic fractures after hip resurfacing arthroplasty. JBJS Am, 2010, 404–10) Folge der chirurgischen Technik. Es handelt sich hierbei um eine vermeidbare Schwächung des Schenkelhalses durch ein Notching (Kerbenbildung) und eine Varusfehlposition (Verkippung der Kappe nach innen). Die Autoren ordneten die im Schenkelhals liegenden Frakturen nach feingeweblichen Untersuchungen von Präparaten nach Schenkelhalsfrakturen nach Femurkappenimplantationen dem akuten biomechanisch bedingten Typ A zu. Dieser trat in 8 von 98 Fällen auf und ereignete sich im Mittel 41 Tage nach der Implantation (dagegen beruht der Typ B auf dem Eintreten der Fraktur im Bereich einer Knochennekrose (Absterben des Knochengewebes) im Kopfrest (51/98) im Mittel nach 149 Tagen und der Typ C (39/98) nach 179 Tagen auf chronisch biomechanischen Ursachen bei Refraktur oder Pseudarthrose (Falschgelenkausbildung nach Fraktur bei ausbleibender knöcherner Heilung).

Demnach ist eine erhebliche Fehlstellung der Kappe in Varusposition und/oder die Ausbildung einer Kerbe/Stufe, z. B. durch Versetzung der Kappe im Verhältnis zum Schenkelhalsquerschnitt nach unten fehlerhaft, soweit sich die Veränderungen bei einer Kontrolle unschwer feststellen lassen.

Die Fehlimplantation, insbesondere eine Stufenbildung, muss bereits bei einer sorgfältigen Inspektion des Implantationsergebnisses intraoperativ auffallen. Spätestens bei Durchführung einer intraoperativen Röntgenkontrolle zeigt sich eine vorliegende erhebliche Fehlposition, Kerbe, Fraktur etc., so dass eine unmittelbare Reaktion erfolgen kann und muss. Absehbare Folgeprobleme können so noch während der Operation unschwer z. B. durch Übergehen auf eine Stielprothese zuverlässig vermieden werden.

II. Zurückbleiben von Fremdmaterial im Gelenk

Bei einem Patienten, der seit längerem unter Beschwerden im Bereich des linken Hüftgelenkes bei Fehlbildung desselben litt, wurde ein zementfrei verankertes künstliches Hüftgelenk implantiert. Als Gleitpartner wurde Keramik/Keramik gewählt. Der Verlauf nach der Operation war zunächst unauffällig. Auffallend war lediglich am Ende der Anschlussheilbehandlung ein unregelmäßiges schnappendes Geräusch.

Einige Monate später fiel den Behandlern bei einer Röntgenkontrolle in der Aufsicht eine unklare Aufhellungszone (Schatten eines röntgendichten Materials) im oberen Grenzbereich zwischen Kopf und Pfanneneinsatz bei ansonsten unauffälligem Befund auf. Dem Patienten wurde zu weiteren Kontrollen geraten.

Einige Wochen später traten vereinzelt leise Geräusche und schließlich dann Quietschgeräusche auf. Bei einer Kontrolle wurde ein Bruch des Keramikeinsatzes in der Metallpfanne festgestellt und eine Revisionsoperation durchgeführt. Dabei bestätigte sich ein Bruch des halbmondförmigen Keramikeinsatzes. Zwischen Kopf und Keramikpfanne fand sich eine Flachschraube aus Metall. Weil bereits die Pfanne insgesamt beschädigt war, wurde die fest eingewachsene Pfanne entfernt und durch eine neue Pressfit-Pfanne mit Kunststoffeinsatz und Schraubenverankerung ersetzt. Der weitere Verlauf war komplikationslos.

Die bei dem Eingriff zurückgebliebene und zur Begutachtung vorliegende Flachschraube besaß eine Größe von ca. 11,9 × 2,5 mm und wies teils erhebliche Beschädigungen auf. Nach Recherchen bei dem Hersteller des Implantats konnte festgestellt werden, dass die Schraube von dem Einschläger, mit dem nach Ansetzen einer Raspel die Aufbereitung der Markhöhle des Oberschenkelknochens vorgenommen wird, stammte. Die Schraube hatte dort die Funktion eines Verschlussdeckels und wurde nach Angabe der liefernden Firma vor Auslieferung mit einem Mehrkomponentenkleber gesichert. Die Schraube war und ist nicht dafür vorgesehen, bei der Verwendung oder der Aufbereitung, Reinigung und Sterilisation, zur Wiederverwendung entfernt zu werden. Denkbar ist, dass die Schraube im Rahmen der Reinigung des Instruments in Unkenntnis der Herstellervorgaben geöffnet und beim Wiedereinsetzen nicht mit einem Mehrkomponentenkleber gesichert wurde. Dadurch hätte sie sich lockern und im Weiteren herausfallen können.

Grundprinzip bei einer Operation ist die Überprüfung von eingesetzten Werkzeugen auf Vollständigkeit am Ende des Eingriffes durch Sichtprüfung ebenso wie die Vollständigkeit von verwendeten Materialien, z. B. durch Zählen der Kompressen/Bauchtüchern. Dies ist notwendig, weil nur dadurch das Zurücklassen von Fremdmaterial im Körper des Patienten regelmäßig vermieden werden kann. Eine ungenügende oder unterlassene Kontrolle der eingesetzten Werkzeuge auf Vollständigkeit am Ende der Operation entspricht einem Verstoß gegen den ärztlichen Standard. Hier war nicht erkennbar, dass sich der gut sichtbare fehlende Verschlussdeckel in Form der Flachschraube einer Sichtkontrolle entziehen hätte können. Demnach hätte das Fehlen des Deckels bei sorgfältiger Vorgehensweise auffallen müssen.

Schließlich muss bei dem abschließenden Einrenken eines künstlichen Hüftgelenks darauf geachtet werden, dass sich kein Material, z. B. Gewebe, zwischen den Gleitflächen befindet und der Prothesenkopf richtig sitzt. Es konnte nicht ausgeschlossen werden, dass die Schraube erst beim letzten Einrenkvorgang zwischen die Gleitflächen gelangte. Die Verlagerung des Kopfes nach außen unten durch die einliegende Schraube konnte dann bei der nur noch von außen möglichen Sichtprüfung möglicherweise nicht erkannt werden.

Allerdings hätte auch der bei der Nachkontrolle entdeckte Schatten in Projektion auf den Grenzbereich zwischen Kopf und Pfanneninlay eine weitere Abklärung auslösen müssen. Es war zu klären, ob sich, wofür der erste Anschein sprach, der Fremdkörper auch in der zweiten Ebene auf das Gelenk projizierte und damit im Gelenk lag.

Ex post stand fest, dass der insoweit elementare Kontrollbefund ein positives und damit reaktionspflichtiges Ergebnis gehabt hätte. Man hätte zu einer zeitnahen Revision trotz subjektiver Beschwerdefreiheit des Patienten raten müssen. Dadurch wäre die später eingetretene Beschädigung der fest eingewachsenen Metallschale und damit deren Wechsel vermieden worden. Auch insoweit erfolgte die Behandlung fehlerhaft (das Zurücklassen der Schraube wurde unter Berücksichtigung denkbar vorliegender ungünstiger Umstände als einfacher Fehler bewertet. Die Nichtreaktion auf das auffällige Röntgenbild war dagegen unverständlich und sollte schlechterdings nicht unterlaufen).

E. Resümee

Bei vollständiger Aufklärung des Patienten, adäquater Vorbereitung der Operation, Beachtung der Herstellervorgaben und sorgfältiges operationstechnisches Vorgehen führt die Anwendung von Medizinprodukten in der Orthopädischen Chirurgie in der Regel zum Erfolg. Bei den Misserfolgen handelt es sich dann um typische Komplikationen, die nicht zuverlässig zu vermeiden sind und die der Patient hinnehmen muss.

Medizinprodukteüberwachung Vertrauen ist gut – Kontrolle ist besser

Jürgen Attenberger

A. Einleitung

Im XXIV. Kölner Symposium unter dem Motto

> Medizinprodukte in der Anwendung:
> Alle machen mit, keiner haftet?

der Arbeitsgemeinschaft Rechtsanwälte im Medizinrecht e. V. habe ich in einem Vortrag das Konzept der Länder für die Medizinprodukteüberwachung vorgestellt. Die wesentlichen Punkte meines Vortrages stelle ich für alle Interessenten in diesem Artikel dar. Dabei geht es vorrangig um die Überwachung von Betrieben und Einrichtungen, die Medizinprodukte erstmalig in den Verkehr bringen.

B. Ist eine staatliche Medizinprodukteüberwachung erforderlich?

Um die Frage, ob wir überhaupt eine (staatliche) Medizinprodukteüberwachung brauchen, beantworten zu können, ist es sinnvoll, sich die europäische Philosophie des Medizinprodukterechts in Erinnerung zu rufen: Danach ist es vorrangiges Ziel, Medizinprodukte möglichst unbürokratisch, also am besten ohne Beteiligung von Behörden und ohne andere Nadelöhre und Hemmnisse verkaufen zu können. Gleichzeitig soll aber auch erreicht werden, dass diese Medizinprodukte Patienten nicht gefährden können und auch die ihnen vom Verantwortlichen für das erstmalige Inverkehrbringen mitgegebene Zweckbestimmung tatsächlich erfüllen.

Dieser hohe Anspruch soll durch die so genannte „Neue Konzeption" der Europäischen Kommission erfüllt werden.

J. Attenberger (✉)
Feuerbachstr. 16,
30655 Hannover, Deutschland
E-Mail: Medizinprodukte@Deutschland.MS

Arbeitsgemeinschaft Rechtsanwälte im Medizinrecht e. V. (Hrsg.), *Medizinprodukte in der Anwendung: Alle machen mit, keiner haftet?*, MedR Schriftenreihe Medizinrecht, DOI 10.1007/978-3-642-40306-4_3,

Dennoch: Jedes Medizinprodukt kann in den Markt gegeben und an Patienten angewendet oder an ihn verkauft werden, ohne dass der Staat geprüft hat, ob das Medizinprodukt die Voraussetzungen erfüllt – also ein ganz anderes System als es z. B. für Arzneimittel praktiziert wird, in dem ja jedes Arzneimittel staatlich zugelassen werden muss.

C. Anlassbezogene oder systematische Medizinprodukteüberwachung?

Dies vor Augen wird klar, dass der Staat die Möglichkeit haben muss zu prüfen, ob die so in den Verkehr gebrachten Medizinprodukte tatsächlich die Voraussetzungen erfüllen, die vorgeschrieben sind. Nach den Erfahrungen der ersten Jahre der Anwendung dieses neuen Rechts (1995 bis 2001) hat der Deutsche Bundestag erkannt, dass der Staat nicht nur die Möglichkeit haben muss, sondern auch die Pflicht hat, dies zu prüfen. Der Schutz des Einzelnen ist eine Kernaufgabe des Staates. Diese Aufgabe sollte so

- effektiv,
- effizient und
- kostengünstig

wie möglich wahrgenommen werden.

Einer

- geplanten und präventiven,
- systematischen und dem Risiko angemessenen

Überwachung ist der Vorzug zu geben vor einer

- reaktiven,
- hektischen und überschießenden

und damit in der Regel

- ineffektiven

Vorgehensweise.

Immer wieder nur reaktives Handeln der Behörden bei immer wieder auftretenden Pannen ist selten

- rational,
- sinnvoll oder
- Ziel führend.

Es verunsichert die Bürger und macht die zuständigen Behörden zum Spielball von Medien und Politik. Beispiele hat es immer gegeben, zuletzt der Verkauf von die grundlegenden Anforderungen nicht erfüllenden Brustimplantaten. Dabei hat ein Hersteller in Frankreich mit hoher krimineller Energie Medizinprodukte hergestellt und in der Europäischen Union verkauft, die Patienten geschädigt haben.

D. Sind andere Rechtsgebiete mit dem Medizinprodukterecht vergleichbar?

Im Bereich der Lebensmittelversorgung treten diese Pannen immer wieder auf, Themen wie Gammelfleisch stehen immer wieder einmal im Mittelpunkt der Diskussion.

Wichtig ist zu erkennen, dass solche Mängel von Lebensmitteln sehr viel problemloser für den einzelnen Bürger zu beherrschen sind: Der Bürger kann völlig frei zwischen einer Vielzahl von Lebensmitteln – auch gleicher Art – wählen und sich für ein bestimmtes Produkt entscheiden, sei es, weil er dem Hersteller vertraut oder die Qualität z. B. mit seinen Sinnen geprüft hat. Dies gilt im Wesentlichen auch für alle anderen Verbraucherprodukte, vom Handy über Werkzeuge, Spielzeuge bis zu anderen Elektroartikel.

Das ist bei Medizinprodukten ganz anders: Hier entscheidet in der Regel das medizinische Personal (Ärzte, Pflegepersonal, Fachberufe des Gesundheitswesens), welches Medizinprodukt am Patienten angewendet werden soll, der Patient hat darauf keinen Einfluss, insbesondere, wenn er z. B. gar nicht bei Bewusstsein ist. Er kann nicht frei entscheiden, welches Medizinprodukt an ihm angewendet wird.

Das trifft im Übrigen gleichermaßen für Arzneimittel zu.

E. Wie kann die Medizinprodukteüberwachung sinnvoll gestaltet werden?

Jedes Land kann versuchen, alle Medizinprodukte, die in diesem Land verkauft und an den Bürgern dieses Landes angewendet werden, dahingehend zu prüfen, ob sie die rechtlichen Voraussetzungen dazu erfüllen. Und die anderen Länder machen es für ihr Land genauso. Es wird schnell deutlich, dass dies nicht zu leisten ist. Wie aber können die Länder ihre Bevölkerung vor Gefahren durch Medizinprodukte verantwortungsvoll schützen?

Jedes Land könnte die dort ansässigen Hersteller von Medizinprodukten überwachen. Aber: Die medizinische Versorgung der Bürger erfolgt auch mit Medizinprodukten, die in anderen Ländern hergestellt werden. Deshalb müssten von dort auch die in anderen Ländern ansässigen Hersteller von Medizinprodukten überwacht werden, was aber mangels örtlicher Zuständigkeit nicht zulässig ist. Darüber hinaus erfolgt die Versorgung der Patienten in diesem Land auch mit Medizinprodukten, die in anderen europäischen Mitgliedstaaten hergestellt werden. Deshalb müssten auch die außerhalb Deutschlands ansässigen Verantwortlichen für das erstmalige Inverkehrbringen von Medizinprodukten (Hersteller und Bevollmächtigte) überwacht werden, was aber mangels örtlicher Zuständigkeit unmöglich ist.

Wenn in allen Ländern Deutschlands und auch in allen europäischen Mitgliedstaaten eine gleichartige Überwachung der jeweils dort ansässigen Verantwortlichen für das erstmalige Invehrkehrbringen von Medizinprodukten erfolgte, könnte jedes andere Land und jeder andere Mitgliedstaat auf die Prüfung der dort im Markt befindlichen Medizinprodukte verzichten, da jeder dieser Hersteller bereits von der für ihn örtlich zuständigen Behörde überwacht wurde – und zwar in gleicher Art und Weise. Um diese gleichartige Überwachung sicher zu stellen, ist eine unabdingbare Voraussetzung, dass alle zuständigen Behörden ein Qualitätssicherungssystem der Medizinprodukteüberwachung einführen und anwenden.

F. Welche Betriebe und Einrichtungen unterliegen der Überwachung?

Folgende Betriebe und Einrichtungen unterliegen der Überwachung:

- Benannte Stellen,
- erstmalige Inverkehrbringer,
- weitere Inverkehrbringer,
- Sponsoren von klinischen Prüfungen und Leistungsbewertungsprüfungen,
- Betriebe und Einrichtungen, in denen klinische Prüfungen und Leistungsbewertungsprüfungen durchgeführt werden,
- Betreiber und Anwender sowie
- Betriebe und Einrichtungen, die für andere Medizinprodukte hygienisch aufbereiten.

G. Welche Behörden sind für diese Aufgaben zuständig?

I. Allgemeines

In den Vollzug des Medizinproduktegesetzes sind verschiedene Behörden eingebunden; sowohl Behörden des Bundes als auch der Länder.

II. Behörden des Bundes

Im Bereich der Medizinprodukte haben neben dem Bundesministerium für Gesundheit (BMG) die folgenden Bundesoberbehörden Aufgaben zu erfüllen.

Bundesinstitut für Arzneimittel und Medizinprodukte (BfArM)

Kurt-Georg-Kiesinger Allee 3, 53175 Bonn
www.bfarm.de

Paul-Ehrlich-Institut für Sera und Impfstoffe (PEI)

Paul-Ehrlich-Straße 51–59, 63225 Langen
www.pei.de

Deutsches Institut für Medizinische Dokumentation und Information (DIMDI)

Waisenhausgasse 36–38 a, 50939 Köln
www.dimdi.de

PhysikalischTechnische Bundesanstalt (PTB)

Bundesallee 100, 38116 Braunschweig,
www.ptb.de

III. Behörden der Länder

Für den Vollzug von Bundesgesetzen sind die jeweils nach Landesrecht zuständigen Behörden zuständig (Art. 83 GG).

Für die Anerkennung und Überwachung der Benannten Stellen ist die Zentralstelle der Länder für Gesundheitsschutz bei Arzneimitteln und Medizinprodukten die zuständige Behörde. Sie ist eine Behörde des Landes Nordrhein-Westfalen und untersteht der Fach- und Dienstaufsicht des nordrheinwestfälischen Gesundheitsministeriums.

Zentralstelle der Länder für Gesundheitsschutz bei Arzneimitteln und Medizinprodukten (ZLG)

Sebastianstraße 189, 53115 Bonn
www.zlg.de

IV. Die örtlich zuständigen Behörden

1. Die Zeit vor dem Medizinproduktegesetz

Das Medizinproduktegesetz hat vor 1995 bestehende Vorschriften, in denen sich Regelungen befanden, die Produkte betrafen, die heute Medizinprodukte sind, abgelöst und zusammengefasst. Damit liegt eine umfassende Regelung für Produkte vor, die in der Heilkunde für Menschen Anwendung finden und keine Arzneimittel sind.

Für diese sehr unterschiedlichen Produkte war vor der Zusammenfassung im Medizinproduktegesetz eine Vielzahl von Behörden zuständig.

2. Die Zuständigkeitsregelungen nach dem Inkrafttreten des Medizinproduktegesetzes

Viele Länder haben die „historisch" gewachsenen Strukturen der zuständigen Behörden:

- ehemalige Arzneimittel-Überwachung:
  In der Regel sind dies die Mittelbehörden (z. B. Bezirksregierungen, Regierungspräsidien), die die zuständigen Behörden für die so genannten nicht aktiven Medizinprodukte wurden;
- ehemalige Medizingeräte-Überwachung:
  In der Regel waren dies die Gewerbeaufsichtsämter, die die zuständigen Behörden für die so genannten aktiven Medizinprodukte wurden.

Für In-vitro-Diagnostika und Klinische Prüfungen sowie Leistungsbewertungsprüfungen und das Risikomanagement sind in manchen Ländern abweichende Zuständigkeiten geregelt.

V. Qualitätssicherung der Medizinprodukteüberwachung

1. Einführung des Qualitätssicherungssystems der Medizinprodukteüberwachung

Die Länder hatten bereits im Jahr 2000 eine Projektgruppe Qualitätssicherung der Medizinprodukteüberwachung eingesetzt. Allen Ländern ist nach langen Erörterungen klar geworden, dass ein Qualitätssicherungssystem der Medizinprodukteüberwachung Vorteile für alle mit sich bringt. Die Sicherheit, dass eine andere zuständige Behörde eine Aufgabe nach gleichen Kriterien wahrnimmt, führt dazu, dass die darauf folgende Entscheidung von allen akzeptiert wird und das gegenseitige Vertrauen gefördert wird. Auch der Verwaltungsaufwand kann auf diese Weise deutlich gesenkt werden. Somit werden personelle Kapazitäten frei, die letztlich zu einer höheren Patientensicherheit bei Medizinprodukten führen.

Die Auffassungen über die Ausgestaltung und Verbindlichkeit eines Qualitätssicherungssystems sind in den einzelnen Ländern unterschiedlich. Die Gesundheits- und die Arbeitsministerkonferenzen der Länder haben als Minimallösung ein Qualitätssicherungssystem auf der Basis weniger Verfahrensanweisungen eingeführt. Diese betreffen die Überwachung der

- Verantwortlichen für das erstmalige Inverkehrbringen,
- Klinischen Prüfungen und Leistungsbewertungsprüfungen,
- Aufbereiter für Andere und der
- Betreiber von Medizinprodukten.

Zum 1. Januar 2013 tritt die Verwaltungsvorschrift zum Medizinproduktegesetz (MPG-VwV) in Kraft, in der die wesentlichen Punkte dieses Qualitätssicherungssystems geregelt wurden.

2. Die Überwachung der Hersteller von Medizinprodukten in Deutschland

a. Grundlegende Gedanken

Im Folgenden beschränke ich mich auf die Darstellung der Überwachung der Verantwortlichen für das erstmalige Inverkehrbringen, im Wesentlichen auf die Hersteller von Medizinprodukten.

Aus den eingangs dargestellten Überlegungen ergibt sich, dass die Überwachung umso gleichartiger sein muss, je großflächiger die Auswirkungen der überwachten Tätigkeit sind. Wenn es das Ziel ist, in ganz Deutschland aber auch in allen anderen Mitgliedstaaten der Europäischen Union und den Vertragsstaaten des Europäischen Wirtschaftsraums (EWR) sicherzustellen, dass alle Verantwortlichen für das erstmalige Inverkehrbringen dieselben Anforderungen erfüllen, müssen die zuständigen Behörden nach gleichartigen Kriterien prüfen, ob diese Anforderungen erfüllt werden.

Die Auswirkungen des Betreibens und Anwendens eines niedergelassenen Arztes beschränken sich auf seine Patienten, die in der Regel aus der Umgebung der Praxis kommen. Wie genau er die rechtlichen Anforderungen erfüllen muss und wie tief eine Überwachung erforderlich ist, liegt in der Entscheidungskompetenz des jeweiligen Landes in Deutschland, in dem diese Praxis liegt. In diesem Fällen reicht es aus, wenn die Überwachung innerhalb Deutschlands gleichwertig ist.

b. Änderung der Rechtsvorschrift

Mit Inkrafttreten der 2. MPG-Novelle zum 1. Januar 2002 hat sich die Verpflichtung zur Überwachung geändert. Während die zuständige Behörde zuvor – wie es das Medizinproduktegesetz vorschrieb – vermutete, dass der Hersteller die CE-Kennzeichnung rechtmäßig angebracht hatte und sie dies lediglich durch Stichproben zu prüfen hatte, wurde 2002 die zuständige Behörde verpflichtet zu prüfen, ob die

Voraussetzungen zum In-Verkehrbringen erfüllt sind – unter Berücksichtigung des vom Medizinprodukt ausgehenden möglichen Risikos. Der Staat wurde also deutlich mehr in die Pflicht genommen.

Bis dahin wurden Hersteller durch Stichproben überwacht, wobei diese in der Regel auf Grund folgender Auswahlkriterien erfolgte:

- Erkenntnisse aus dem Risikomanagement
- Erkenntnisse aus der Marktbeobachtung
- Informationen aus der Literatur
- Informationen von anderen Herstellern

VI. Das Überwachungskonzept

Nunmehr war es erforderlich, dass sich die zuständige Behörde neu orientieren musste. Es war ab 2002 eine Prüfung der Erfüllung der Voraussetzungen zum Inverkehrbringen unter Berücksichtigung des möglichen Risikos aller erstmaligen Inverkehrbringer – also eine systematische, Risiko abgestufte Überwachung – erforderlich.

Der Länder legten sich am Ende eines langen Entscheidungsprozesses darauf fest, die Hersteller zum einen im Rahmen des Risikomanagements (im Zusammenhang mit Vorkommnissen) – Marktüberwachung A – und zum anderen systematisch und entsprechend dem Risiko abgestuft – Marktüberwachung C – zu überwachen. Die zunächst diskutierte Marktüberwachung B, bei der Medizinprodukte im Handel oder beim Betreiber geprüft werden sollten, erwies sich für Medizinprodukte von Verantwortlichen für das erstmalige Inverkehrbringen mit Sitz in Deutschland als nicht Ziel führend.

1. Marktüberwachung A

Die Marktüberwachung A erfolgt auf der Basis der MPSV und des Maßnahmenkataloges, auf den sich die Länder bereits Ende der Neunziger Jahre geeinigt hatten.

2. Marktüberwachung C

Durch die Marktüberwachung C werden systematisch alle Verantwortlichen für das erstmalige Inverkehrbringen in Deutschland, durch die jeweils örtlich zuständige Behörde überwacht: Der Umfang der Überwachung ist abhängig vom möglichen Risiko der Medizinprodukte dieses Verantwortlichen. Dieses wird auf der Basis eines FMEA-Prozesses näher bestimmt.

Dabei ist die Basis zur Bestimmung des möglichen Risikos das Medizinprodukt mit dem höchsten Risiko dieses Herstellers. Dieses wird bestimmt durch

- das Gefährdungspotenzial des Medizinproduktes (den Risikoklassen entsprechen),

- den gesetzlich vorgeschriebenen Umfang der Überwachung durch die benannte Stelle und
- notwendig gewordene korrektive Maßnahmen.

Danach werden die Hersteller den Risikokategorien A bis E zugeordnet, wobei bei Unternehmen der Risikokategorie A das höchste mögliche Risiko vermutet wird. Diese Hersteller werden vorrangig überwacht, die der Risikokategorie B später, dann die der Risikokategorie C, D und E.

Unternehmen, die z. B. der Risikokategorie A zugeordnet werden, sind erstmalige Inverkehrbringer von Medizinprodukten der Risikoklasse II b oder von In-vitro-Diagnostika des Anhangs II, Liste B. Die benannten Stellen prüfen im Wesentlichen das Qualitätssicherungssystem. Schwerpunkt der Überwachung der zuständigen Behörde ist die Prüfung der Eignung, da dieser Bereich von der benannten Stelle nur im Rahmen der Prüfung des Qualitätssicherungssystems und im Einzelfall durch Stichproben geprüft wird. Durch die Erweiterung der Prüfungsaufgaben der benannten Stellen durch das zum 21. März 2010 in Kraft getretene MPG-Änderungsgesetz wurde der Überwachungsumfang der Behörden etwas reduziert. Im Wesentlichen werden die Erfüllung der grundlegenden Anforderungen und die Organisation des Verantwortlichen überwacht.

Unternehmen, die z. B. der Risikokategorie B zugeordnet werden, sind erstmalige Inverkehrbringer von Medizinprodukten der Risikoklasse II a oder In-vitro-Diagnostika zur Eigenanwendung. Auch hier prüfen die benannten Stellen im Wesentlichen das Qualitätssicherungssystem. Schwerpunkt der Überwachung der zuständigen Behörde ist insbesondere die Prüfung der Eignung, da dieser Bereich von der benannten Stelle nur im Rahmen der Prüfung des Qualitätssicherungssystems geprüft wird. Auch hier werden grundlegende Anforderungen und die Organisation des Herstellers überwacht.

3. Ziele der Überwachung

Die Überwachung dient einerseits dem Patientenschutz, andererseits sollen dadurch gleiche Wettbewerbsbedingungen geschaffen werden.

In jedem Fall soll die Belastung der Unternehmen so gering wie möglich gehalten werden. Doppelüberwachungen – also die Überwachung von Bereichen, die bereits die benannte Stelle geprüft hat – ohne Anlass sollen so weit wie möglich vermieden werden. Dabei werden vorrangig die rechtlichen vorgeschriebenen Prüfungen der benannten Stelle berücksichtigt.

4. Ziele der Überwachung

Vielfach wird behauptet, dass es nicht erforderlich sei, Verantwortliche für das erstmalige Invehrkehrbringen und Betreiber zu überwachen. Die Erfahrungen aus der täglichen Arbeit können dies nicht bestätigen, wie ein paar Fotos zeigen mögen.

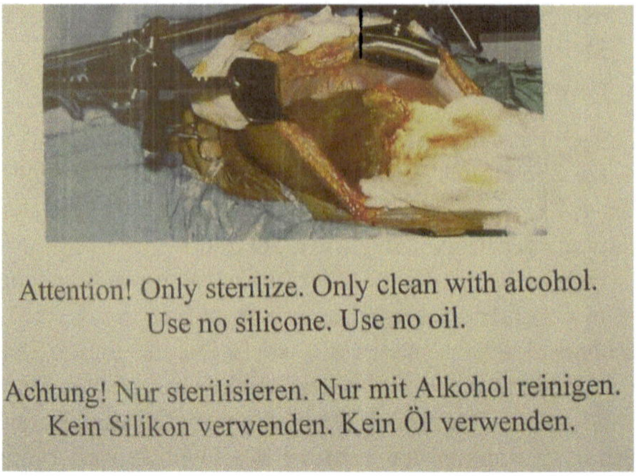

Abb. 1 Unzureichende und fehlerhafte Gebrauchshinweise für die Aufbereitung

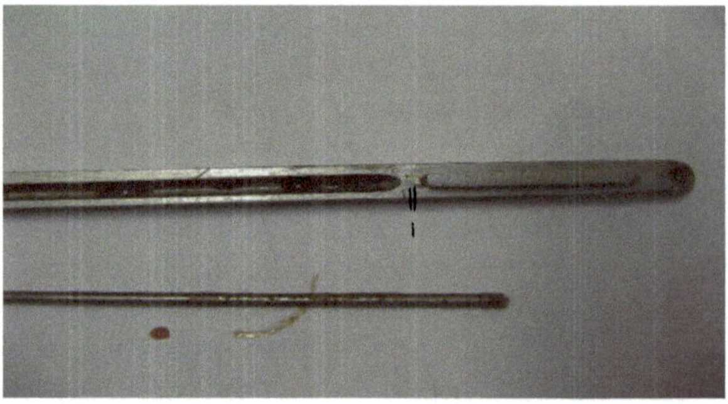

Abb. 2 Unzureichende Reinigung von invasiven Medizinprodukten

Abb. 3 Falsche Verpackung für die Heißluftsterilisation

Es findet sich selbstverständlich darüber hinaus – gerade bei den Verantwortlichen für das erstmalige Inverkehrbringen – eine Reihe von Mängeln, die nicht mit Fotos dokumentiert werden können. Das betrifft insbesondere die Einstufung in die Risikoklassen, das Qualitätsmanagementsystem, die Risikoanalysen, die Klinische

Abb. 4 Nicht qualifizierbarer Heißluftsterilisator für die hygienische Aufbereitung mit geeigneten validierten Verfahren

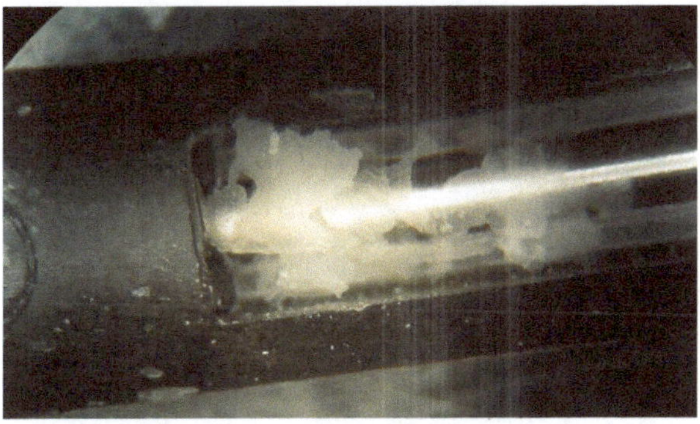

Abb. 5 Fehlerhafte Reinigung von Medizinprodukten, die der Hersteller zur einmaligen Anwendung vorgesehen hat

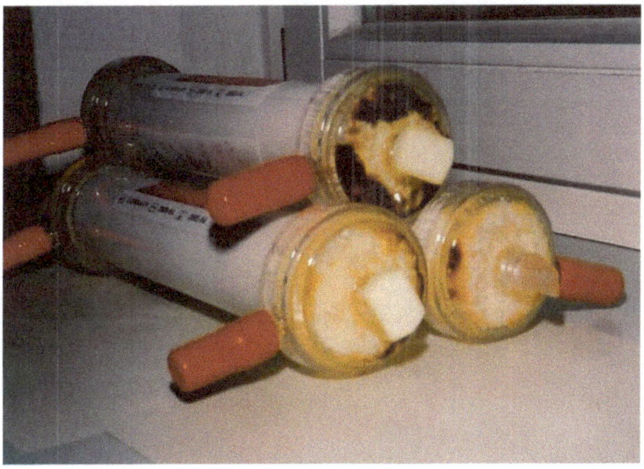

Abb. 6 Fehlerhafte Reinigung und Kennzeichnung von Dialysatoren (Medizinprodukte zur einmaligen Anwendung)

Bewertung und die vertraglichen Gestaltungen mit Zulieferern (Abb. 1, Abb. 2, Abb. 3, Abb. 4, Abb. 5 und Abb. 6).

Den Damen und Herren Dr. Hans Haindl, Burkhard Schulze, Sigrid Soffel, Olaf Trier und Dr. Frank Wille vielen Dank für die zur Verfügung gestellten Fotos.

Rechtliche Grundlagen des Medizinprodukterechts

Christian Jäkel

A. Einführung

Das Pharmakovigilanzsystem des Bundesinstituts für Arzneimittel und Medizinprodukte (BfArM) zeigt für den Zeitraum 2005 bis 2011 bei ca. 45.000 eingegangenen Meldungen fast 4.000 Rückrufe. In diesem Zeitraum gab es über 4.000 kritische und schwerwiegende Schädigungen mit Produktbezug und 161 Tote mit einer Fehlerursache mit Produktbezug.[1]

Wenn die Öffentlichkeit etwas über Medizinprodukte erfährt, geht es oft um Skandale wie:

- fehlerhafte Brustimplantate,
- verwechselte Kniegelenksendoprothesen mit der Verpflichtung zum Austausch,
- schadhafte Hüftgelenksendoprothesen mit der Verpflichtung zum Austausch,
- Fehler und Mängel der Medizinprodukteaufbereitung in einer Zentralen Sterilgutversorgungsabteilung (ZSVA).

B. Einschlägige Vorschriften des Medizinprodukterechts und wichtige Definitionen

Die Grundlagen des deutschen Medizinprodukterechts sind durch EU-Recht geprägt. Bereits im Jahr 1990 gab es die erste Richtlinie zu aktiven implantierbaren Medizinprodukten. Die drei wichtigsten Rechtsvorschriften im EU-Recht sind:

[1] Siehe: www.bfarm.de.

C. Jäkel (✉)
Kanzlei Dr. Jäkel, Berliner Str. 37,
15907 Lübben, Deutschland
E-Mail: dr@jaekel-law.de

Arbeitsgemeinschaft Rechtsanwälte im Medizinrecht e. V. (Hrsg.), *Medizinprodukte in der Anwendung: Alle machen mit, keiner haftet?*, MedR Schriftenreihe Medizinrecht,
DOI 10.1007/978-3-642-40306-4_4, © Springer-Verlag Berlin Heidelberg 2014

- Richtlinie 90/385/EWG (aktive implantierbare medizinische Geräte)[2]
- Richtlinie 93/42/EWG (Medizinprodukte)[3]
- Richtlinie 98/79/EG (In-vitro-Diagnostika)[4].

Hinzu kommen weitere europäische Vorschriften zu speziellen Bereichen wie Klassifikation von Medizinprodukten oder Medizinprodukte mit Gewebe tierischen Ursprungs.

In Deutschland sind die wichtigsten Rechtsvorschriften:

- Medizinproduktegesetz (MPG)[5]
- Medizinprodukte-Verordnung (MPV)[6]
- Medizinprodukte-Sicherheitsplanverordnung (MPSV)[7]
- Medizinprodukte-Betreiberverordnung (MPBetreibV)[8]
- Verordnung über klinische Prüfungen von Medizinprodukten (MPKPV)[9]
- Verordnung über die Verschreibungspflicht (MPVerschrV)[10]
- Verordnung über Vertriebswege (MPVertrV)[11]
- Allgemeine Verwaltungsvorschrift zur Durchführung des Medizinproduktegesetzes (MPGVwV)[12].

Wichtige medizinprodukterechtliche Definitionen sind:

I. Medizinprodukte – § 3 Nr. 1 MPG

Medizinprodukte sind alle einzeln oder miteinander verbunden verwendeten Instrumente, Apparate, Vorrichtungen, Software, Stoffe und Zubereitungen aus Stoffen oder andere Gegenstände einschließlich der vom Hersteller speziell zur Anwendung für diagnostische oder therapeutische Zwecke bestimmten und für ein einwandfreies Funktionieren des Medizinproduktes eingesetzten Software, die vom Hersteller zur Anwendung für Menschen mittels ihrer Funktionen zum Zwecke

a. der Erkennung, Verhütung, Überwachung, Behandlung oder Linderung von Krankheiten,
b. der Erkennung, Überwachung, Behandlung, Linderung oder Kompensierung von Verletzungen oder Behinderungen,

[2] I. d. F. der Richtlinie 2007/47/EG vom 05.09.2007, ABI. Nr. L 247 vom 21. 09. 2007, S. 21.

[3] I. d. F. der Richtlinie 2007/47/EG vom 05.09.2007, ABI. Nr. L 247 vom 21. 09. 2007, S. 21.

[4] I. d. F. der Richtlinie 2011/100/EU vom 20. 12. 2011, ABI. Nr. L 341 vom 22.12.2011, S. 50.

[5] Zuletzt geändert durch Art. 11 G. v. 19.10.2012, BGBI I, 2192.

[6] Zuletzt geändert durch Art. 2 V. v. 10. 05. 2010, BGBI, I, 542.

[7] Zuletzt geändert durch Art. 3 V. v. 10. 05. 2012, BGBI, I, 555.

[8] Zuletzt geändert durch Art. 4 G. v. 29. 07. 2009, BGBI, I, 2326.

[9] Vom 10. 05. 2010, BGBI I, 555.

[10] Geändert durch Art. 1a V. v. 23. 06. 2005, BGBI I, 1798.

[11] Zuletzt geändert durch Art. 382 V. v. 31. 10. 2006, BGBI I 2407.

[12] Vom 18. 05. 2012, BAnz AT 24.05.2012 B2.

c. der Untersuchung, der Ersetzung oder der Veränderung des anatomischen Aufbaus oder eines physiologischen Vorgangs oder
d. der Empfängnisregelung zu dienen bestimmt sind und deren bestimmungsgemäße Hauptwirkung im oder am menschlichen Körper weder durch pharmakologisch oder immunologisch wirkende Mittel noch durch Metabolismus erreicht wird, deren Wirkungsweise aber durch solche Mittel unterstützt werden kann.

Hinsicht des Verzichts auf die CE-Kennzeichnung sind des Weiteren von Belang die Definitionen der Sonderanfertigung und der Medizinprodukte aus Eigenherstellung.

II. Sonderanfertigung – § 3 Nr. 8 MPG

Sonderanfertigung ist ein Medizinprodukte, das nach schriftlicher Verordnung nach spezifischen Auslegungsmerkmalen eigens angefertigt wird und zur ausschließlichen Anwendung bei einem namentlich benannten Patienten bestimmt ist. Das serienmäßig hergestellte Medizinprodukte, das angepasst werden muss, um den spezifischen Anforderungen des Arztes, Zahnarztes oder des sonstigen beruflichen Anwenders zu entsprechen, gilt nicht als Sonderanfertigung.

III. Medizinprodukte aus Eigenherstellung – § 3 Nr. 21 MPG

Medizinprodukte aus Eigenherstellung sind Medizinprodukte einschließlich Zubehör, die in einer Gesundheitseinrichtung hergestellt und angewendet werden, ohne dass sie in den Verkehr gebracht werden oder die Voraussetzungen einer Sonderanfertigung nach Nr. 8 erfüllen.

C. Verkehrsfähigkeit von Medizinprodukten

Voraussetzung für das Inverkehrbringen oder die Inbetriebnahme von Medizinprodukten ist die CE-Kennzeichnung. Die CE-Kennzeichnung ist der Öffentlichkeit hinlänglich bekannt. Sie ist aber nicht auf Medizinprodukte beschränkt, sondern auch bei anderen Produktkategorien anzutreffen, wie bei Spielzeug[13], Maschinen[14], Sportbooten[15], persönlicher Schutzausrüstung[16] oder bei der Prüfung der elektromagnetischen Verträglichkeit[17]. Nicht CE-gekennzeichnet sein müssen Medizinprodukte, die Sonderanfertigungen sind, Medizinprodukte aus Eigenherstellung so-

[13] Richtlinie 2009/48/EG.
[14] Richtlinie 2006/42/EG.
[15] Richtlinie 94/25/EG.
[16] Richtlinie 89/686/EWG.
[17] Richtlinie 2004/108/EG.

wie Medizinprodukte, die eine ausnahmsweise Zulassung des BfArM in besonders dringenden Fällen haben (im Interesse des Gesundheitsschutzes, § 11 Abs. 1 MPG) und Medizinprodukte zur klinischen Prüfung, § 6 Abs. 1 MPG.

Die Voraussetzungen der CE-Kennzeichnung sind die Erfüllung der sog. Grundlegenden Anforderungen, z. B. gemäß Anhang I der Richtlinie 93/42/EWG, und das Konformitätsbewertungsverfahren nach der MPV. Der Hersteller oder sein Bevollmächtigter müssen ihren Sitz im Europäischen Wirtschaftsraum (EWR) haben.

Auf die CE-Kennzeichnung können sich der Betreiber und der Anwender verlassen, wenn diese die Benannte Stelle mit aufführt, also ein vierstelliger Zifferncode beigefügt ist, oder wenn die Konformitätserklärung des Herstellers direkt auf die Richtlinie 93/42/EWG Bezug nimmt.

Aus dem MPG ergeben sich zahlreiche Pflichten und Verbote. Zu den wichtigsten gehören das Verbot des Inverkehrbringens, Errichtens, Inbetriebnehmens, Betreibens und Anwendens gefährlicher Medizinprodukte nach § 4 Abs. 1 Nr. 1 MPG oder das Verbot des Betreibens und Anwendens von Medizinprodukten mit Mängeln mit Gefährdungspotential nach § 14 Abs. 2 MPG. Bei Verstößen gelten insoweit die Straf- und Bußgeldvorschriften der §§ 40 ff. MPG.

Nach § 31 MPG ist für die Bewerbung von Medizinprodukten ein Medizinprodukteberater mit einer Mindestqualifikation vorgeschrieben.

D. Betreiber- und Anwenderpflichten

Von Interesse sind weiterhin Betreiber- und Anwenderpflichten. Diese werden in der MPBetreibV geregelt. So müssen nach § 5 Abs. 1 MPBetreibV Produkte der Anlage 1, das sind beispielsweise Defibrillatoren, Beatmungsgeräte, Säuglingsinkubatoren, einer Funktionsprüfung am Betriebsort unterzogen werden. Eine vom Betreiber beauftragte Person muss eingewiesen werden. In der Folge muss gemäß § 5 Abs. 2 MPBetreibV jeder Anwender von dieser beauftragten Person eingewiesen werden. Es darf kein Schneeballprinzip bestehen, sondern jeder Anwender muss von dieser beauftragten Person eingewiesen werden. Im Übrigen müssen die Anwender die erforderliche Ausbildung, Kenntnisse und Erfahrung zur Anwendung der konkreten Medizinprodukte haben.

§ 6 MPBetreibV schreibt für aktive Medizinprodukte sicherheitstechnische Kontrollen vor. Die Intervalle werden vom Hersteller vorgegeben, dies betrifft beispielsweise Infusionspumpen und andere aktive Medizinprodukte. Nach §§ 7 und 8 MPBetreibV sind für bestimmte Produkte Medizinproduktebuch und Bestandsverzeichnis vorgeschrieben.

§ 2 MPBetreibV regelt weitere Anwenderpflichten. So ist der Anwender an die Zweckbestimmung des Medizinprodukts gebunden. Er hat die Betreiberverordnung einzuhalten sowie die allgemein anerkannten Regeln der Technik, Arbeitsschutz und Unfallverhütungsvorschriften. Nur Personen mit der erforderlichen Ausbildung oder Kenntnis und Erfahrung dürfen Medizinprodukte anwenden. Der Anwender hat sich vor der Anwendung eines Medizinproduktes von der Funktionsfähigkeit und vom ordnungsgemäßen Zustand des Medizinprodukts zu überzeugen und Gebrauchsanweisungen sowie andere Informationen zu beachten. So muss ein Narkosearzt bzw. ein Teammitglied aus dem Narkoseteam täglich die Funktionsfähigkeit des Narkosegerätes überprüfen[18].

Die Betreiberverordnung enthält auch Vorschriften zur Aufbereitung von Medizinprodukten, also zur Reinigung, Desinfektion, Sterilisation und Prüfung und Wiederherstellung der technisch-funktionellen Sicherheit (§ 3 Nr. 14 MPG).

Nach § 4 Abs. 2 MPBetreibV hat die Aufbereitung mit geeigneten validierten Verfahren zu erfolgen, wobei der Erfolg dieser Verfahren nachvollziehbar gewährleistet sein muss. Die Aufbereitung muss unter Berücksichtigung der Angaben des Herstellers erfolgen und darf nicht zu einer Gefährdung der Sicherheit und Gesundheit von Patienten, Anwendern oder Dritten führen. Es gibt eine gesetzliche Vermutung der ordnungsgemäßen Aufbereitung, wenn die Empfehlung der Kommission für Krankenhaushygiene des Robert Koch-Instituts und des BfArM eingehalten wird. Diese Empfehlung wurde in diesem Jahr novelliert.[19]

Diese gesetzliche Vermutung führt auch zu einer Beweislastumkehr in verwaltungsrechtlicher und ggf. auch in haftungsrechtlicher Hinsicht, gerade weil wir uns hier im Bereich des vollbeherrschbaren Risikos befinden können.

E. Ausblick und Fazit

Medizinprodukterecht ist eine hochregulierte komplexe verwaltungsrechtliche Materie mit großer Krankenhaus- und Praxisrelevanz, gerade hinsichtlich der Betreiber- und Anwenderpflichten.

Das EU-Medizinprodukterecht wird derzeit novelliert. Im September wurde der Entwurf einer EU-Verordnung von der Europäischen Kommission vorgelegt.[20] Die Verordnung wird dann unmittelbar gelten, d. h. es gibt keine Umsetzung in den Mitgliedstaaten. Sie wird eine Art Medizinproduktebasisverordnung sein, ähnlich wie im Lebensmittelrecht. National wird es jeweils ergänzende Vorschriften geben. Die Pflichten verschiedener Wirtschaftsakteure werden im Entwurf dezidiert aufgeführt. Es soll in jeder Firma eine qualifizierte Person mit Fachwissen auf dem Gebiet der Medizinprodukte geben. Es soll Regelungen zu Einmalprodukten und ihrer Aufbereitung geben und es soll die Rückverfolgbarkeit verbessert werden bis zum einzelnen Produkt. Auch die Meldepflichten werden erstmals europäisch geregelt. In Kraft treten soll diese Verordnung 2014/2015 und ca. drei Jahre später gelten. Allerdings ist noch fraglich, ob die EU-Verordnung in dieser Form geltendes Recht werden wird. Denn erfahrungsgemäß werden im Europäischen Parlament und im Rat noch etliche Änderungen durchgesetzt werden.

---

[18] Siehe dazu: DGAI (2011), S. 525.

[19] Bundesgesundheitsbl. (2012), S. 1244.

[20] Entwurf vom 26. 09. 2012, COM (2012) 542.

Literatur

DGAI (2011) Funktionsprüfung des Narkosegerätes bei geplantem Betriebsbeginn, bei Patientenwechsel im laufenden Betrieb und im Notfall, Entschließungen, Empfehlungen und Vereinbarungen, 5 Aufl.

Weiterführende Literatur:

Weimer, Jäkel Ratgeber Mediznproduktrecht – Praxishilfen, Beispiele und Tipps für Anwender und Betreiber, Verlag medhochzwei 2012. ISBN 978-3-86216-072-3

Rieger, Dahm, Steinhilper (Hrsg) Heidelberger Kommentar Arztrecht Krankenhausrecht Medizinrecht (HK-AKM), Jäkel/Ratzel, Stichwort 3590 Medizinprodukte, Verlag Hüthig Jehle Rehm, Loseblatt, Stand: November 2012. ISBN 978-3-8114-2228-5

Jäkel (im Druck) Aufbereitung durch externe Dienstleister und die neue RKI/BfArM-Empfehlung, Aufbereitung in der Praxis 2012

Jäkel Wann ist die Aufbereitung von Medizinprodukten ordnungsgemäß? Zugleich Anmerkung zu VG Gelsenkirchen (Urt. v. 14.02.2012–19 K 1602/09, MPR 2012, 127–133), MPR 2012, 109

Jäkel Patientenaufklärung bei der Verwendung aufbereiteter Einmal-Medizinprodukte. MedR 2011:485

Jäkel Behördliche Eingriffsrechte bei Mängeln der Medizinprodukteaufbereitung in einer ZSVA. Hyg Med 2011:237

Anhalt, Dieners (Hrsg) Handbuch des Medizinprodukterechts, Verlag C.H. Beck 2003. ISBN 978-3-4064-8762-0

Passivlegitimation MP-Hersteller vs. Krankenhausträger

Tobias Weimer

A. Einführung und Problemaufriss

Das Recht der Medizinprodukte ist an Komplexität kaum zu überbieten. Dies beruht nicht zuletzt auf der hohen Anzahl der einschlägigen gesetzlichen und Verordnungsregelwerke einschließlich des sekundären Europarechts und dem Umstand, dass Medizinprodukte das gesamte Spektrum der Gesundheitsvorsorge von der Prävention über Diagnostik und Therapie bis zur Rehabilitation umfassen. Eine Vielzahl von unterschiedlichen Produkten wie etwa Herzklappen, Säuglingsinkubatoren und Haftkleber für Zahnimplantate sind notgedrungen zu erfassen. Vor diesem Hintergrund ist es nicht überraschend, dass vom Einsatz eines Medizinproduktes ein erhebliches Haftungsrisiko ausgeht. Es verwundert also kaum, dass sich in den letzten Jahren das Recht der Medizinprodukte zu einem der wichtigsten Anwendungsgebiete des Haftungsrechts entwickelt.[1] Der Grund dafür liegt auf der Hand: Das Gefährdungspotenzial von Medizinprodukten. Fehler und Mängel bei Medizinprodukten oder eine falsche Bedienung bedeuten nicht nur eine Gefahr für die Anwender, sondern vor allem auch für die Patienten. Statt einem erhofften therapeutischen oder diagnostischen Nutzen können sie dann zu gesundheitlichen Schäden und auch zu Todesfällen führen. Neben den Mängeln in der Konstruktion oder der Herstellung von Medizinprodukten führen dabei vor allem Kompatibilitätsprobleme von Zubehör und bei Kombinationen mit anderen Medizinprodukten, Unzulänglichkeiten bei der Aufstellung des Medizinprodukts am Einsatzort, Versäumnisse bei der erforderlichen Instandhaltungsmaßnahme sowie Fehler bei der Anwendung zu haftungsträchtigen Zwischenfällen. Nach Untersuchungen in Krankenhäusern werden ungefähr zwei Drittel aller Zwischenfälle mit Medizinprodukten durch falsche Bedienung und Wartung hervorgerufen.

[1] Ähnlich Knoche (2005), S. 1614.

T. Weimer (✉)
WEIMER | BORK, Frielinghausstr. 8,
44803 Bochum, Deutschland
E-Mail: weimer@kanzlei-weimer-bork.de

Arbeitsgemeinschaft Rechtsanwälte im Medizinrecht e. V. (Hrsg.), *Medizinprodukte in der Anwendung: Alle machen mit, keiner haftet?*, MedR Schriftenreihe Medizinrecht, DOI 10.1007/978-3-642-40306-4_5, © Springer-Verlag Berlin Heidelberg 2014

Doch es besteht eine Besonderheit der Haftung für Schäden durch Medizinprodukte. Beim Herstellen, Betreiben und Anwenden von Medizinprodukten kommt es häufig zur Überlagerung von Verantwortlichkeiten des Krankenhausträgers bzw. seinem Personal und dem MP-Hersteller. Komplexe haftungsrechtliche Fragen an der Schnittstelle der Produkthaftung des Herstellers und der Anwender-, Betreiberhaftung des Arztes bzw. des Krankenhausträgers sind die Folge.

B. Medizinproduktrechtliche Verantwortlichkeiten – ein Überblick[2]

Der Gesetzgeber hat dem Hersteller, Betreiber und Anwender von Medizinprodukten einen umfassenden Pflichtenkatalog aufgegeben, um dem Patienten, Anwender und Dritte bei dem Gebrauch zu schützen (vgl. § 1 MPG). Dieser Schutzzweck findet seine Bestätigung in den Gefährdungsverboten nach § 4 Abs. 1 Nr. 1 MPG und § 14 S. 2 MPG.[3] Besteht bei Medizinprodukten der begründete Verdacht, dass sie trotz sachgemäßer Anwendung, Instandhaltung und Verwendung gemäß ihrer Zweckbestimmung die Sicherheit und Gesundheit von Patienten, Anwendern oder Dritten gefährden, dürfen sie nicht in Verkehr gebracht, in Betrieb genommen, betrieben und angewendet werden (§ 4 Abs. 1 Nr. 1 MPG). Insbesondere dürfen Medizinprodukte nicht betrieben und angewendet werden, wenn sie Mängel aufweisen, durch die Patienten, Beschäftigte oder Dritte gefährdet werden können (§ 14 Satz 2 MPG). Danach sind Adressat des Gefährdungsverbots nach § 4 Abs. 1 Nr. 1 MPG der Hersteller, Betreiber sowie Anwender, während sich § 14 S. 2 MPG allein an die Betreiber und Anwender richtet. Um diesen Gefährdungsverboten entsprechend Rechnung tragen zu können, hat der Gesetzgeber insbesondere folgende Pflichten normiert:

Regelmäßig[4] zeigt sich der Hersteller (vgl. § 5 MPG) zum Zeitpunkt des erstmaligen Inverkehrbringens des Medizinprodukts für die Erfüllung der Voraussetzungen des Inverkehrbringens und Inbetriebnehmens zuständig (vgl. § 6 MPG). Seiner Verantwortung wird er gerecht, in dem er an dem Medizinprodukt eine CE-Kennzeichnung (vgl. § 9 MPG) anbringt. Mit der CE-Kennzeichnung bestätigt der

[2] Vgl. umfassend Weimer und Jäkel (2012).

[3] Vgl. ausführlich zum Gefährdungsverbot Weimer und Jäkel (2012), S. 97 f.

[4] Ein beeindruckendes Beispiel für die Schwierigkeiten bei der Feststellung der Verantwortlichen (Hersteller, Quasi-Hersteller, Bevollmächtigter oder Importeur) für das erstmalige Inverkehrbringen ist eine Entscheidung des OLG Düsseldorf, Urt. v. 13.03.2012 – I-15U122/10 zitiert nach juris. So gilt als Hersteller der Quasi-Hersteller, d. h. derjenige, der sich durch die Anbringung seines Namens oder seiner Marke als Hersteller ausgibt (§ 4 Abs. 1 Satz 2 ProdHaftG); der Importeur, d. h. derjenige, der ein Produkt zum Verkauf oder sonstigen Vertrieb aus wirtschaftlichem Zweck im Rahmen seiner wirtschaftlichen Tätigkeit in den europäischen Wirtschaftsraum einführt (§ 4 Abs. 2 ProdHaftG) oder ersatzweise der Lieferant, d. h. derjenige, der das Produkt geliefert hat, wenn der Hersteller nicht festgestellt werden kann (§ 4 Abs. 3 ProdHaftG).Vgl. auch Frankenberger in: Anhalt und Dieners § 4 Rdn. 11 ff.

Hersteller, dass sein Produkt alle Anforderungen des Medizinprodukterechts einhält. Voraussetzung dafür ist ein Konformitätsbewertungsverfahren nach Maßgabe der Medizinprodukteverordnung (MPV), das Einhalten der sogenannten Grundlegenden Anforderungen (vgl. 7 MPG), also aller Vorschriften des Medizinprodukterechts und die Abgabe einer Konformitätserklärung. Die Konformitätserklärung muss nach Richtlinie 93/42/EWG bzw. nach Richtlinie 98/79/EG (In-vitro-Diagnostika) oder Richtlinie 90/385/EWG (aktive implantierbare medizinische Geräte) ausgestellt sein. Stimmen die Medizinprodukte insbesondere mit harmonisierten Normen (vgl. § 3 Nr. 18 MPG, z. B. DIN EN 60601-2-38 für Krankenhausbetten; DIN 60601-1-1 für med. elektr. Geräte).) überein, so wird gemäß § 8 Abs. 1 MPG vermutet, dass sie die Bestimmungen des MPG und damit die Hersteller die regulatorische Compliance einhalten.

Die Betreiber- und Anwenderpflichten[5] ergeben sich weitgehend aus der Medizinproduktebetreiberverordnung (MPBetreibV). So darf der Betreiber nur Personen mit der Anwendung von Medizinprodukten beauftragen, die über die dafür erforderliche Ausbildung oder erforderliche Kenntnisse und praktischen Erfahrungen verfügen (vgl. § 2 Abs. 2, 4 MPBetreibV). Der Anwender hat sich vor der Anwendung von der Funktionsfähigkeit und dem ordnungsgemäßen Zustand zu überzeugen (vgl. § 2 Abs. 5 MPBetreibV). Aktive Medizinprodukte der Anlage 1 (wie z. B. Dialysegerät, Infusionspumpen) darf der Betreiber nur betreiben, wenn vor der erstmaligen Inbetriebnahme des Medizinprodukts eine Einweisung und Funktionsprüfung am Einsatzort durch den Hersteller oder eine dazu befugte Person vorgenommen wurde (vgl. § 5 Abs. 1 Nr. 1, 2 MPBetreibV).

Weiter erstreckt sich die Verantwortung des Betreibers auf die Überprüfung, ob Kombinationen von Medizinprodukten nach Herstellergaben zulässig sind. So darf z. B. ein Überleitsystem einer Infusionspumpe des einen Herstellers nicht ohne weiteres mit der Infusionspumpe eines anderen Herstellers kombiniert werden. Hier müssen die Gebrauchsanweisung sowie weitere Herstellerangaben darauf überprüft werden, ob eine Kombination überhaupt zulässig ist. Weiter darf eine Infusionspumpe nicht zur enteralen Ernährungspumpe umfunktioniert werden, da Medizinprodukte nicht entgegen ihrer Zweckbestimmung betrieben werden dürfen (vgl. § 2 Abs. 1 MPBetreibV). Die Zweckbestimmung ergibt sich wiederum regelhaft aus der Gebrauchsanweisung des Herstellers.

Der Betreiber hat zur Sicherstellung der einwandfreien Funktion und der technischen Sicherheit eines Medizinprodukts die notwendigen Instandhaltungsmaßnahmen (Wartung, Instandsetzung, hygienische Aufbereitung) durchzuführen. Dazu dürfen nur Personen, Betriebe oder Einrichtungen beauftragt werden, die fachlich qualifiziert sind und über die notwendige räumliche und technische Ausstattung verfügen (vgl. § 4 MPBetreibV). Für aktive nicht implantierbare Medizinprodukte wie Infusionspumpen oder Dialysegeräte hat der Betreiber ein Bestandsverzeichnis und regelhaft ein Medizinproduktebuch zu führen (vgl. §§ 7, 8 MPBetreibV). Regelmäßig schreibt der Hersteller sicherheitstechnische Kontrollen (STK) vor, die in bestimmten Fristen durchgeführt werden müssen. Letztlich dürfen Medizinpro-

[5] Vgl. Umfassend dazu Weimer und Jäkel (2012), S. 29 ff.

dukte, deren Verfalldatum abgelaufen sind, nicht mehr betrieben werden (vgl. § 4 Abs. 1 Nr. 2 MPG).

Nach alledem ergeben sich für die Hersteller, aber auch für die Träger von Krankenhäusern als Betreiber und für das ärztliche sowie Pflegepersonal als Anwender von Medizinprodukten umfangreiche Pflichten. Um hier nicht unnötig ein Haftungsrisiko zivilrechtlich als auch strafrechtlich (vgl. § 40 Abs. 1 MPG) einzugehen[6], sei dringend angeraten, diese Verpflichtungen ernst zu nehmen.

C. Zivilrecht

Im Gegensatz etwa zum Arzneimittelrecht sehen weder das Medizinproduktegesetz noch die Medizinproduktebetreiberverordnung für die zivilrechtliche Haftung der Hersteller bestimmte Regelungen vor. Auch zur Haftung der Betreiber und Anwender fehlen spezialgesetzliche Vorschriften. In Ermangelung spezieller Haftungsvorschriften bestimmen sich Haftungsfragen im Zusammenhang mit Medizinprodukten daher nach den allgemeinen Haftungsregeln, nämlich nach dem Produkthaftungsgesetz (ProdHaftG), dem ggf. zwischen den Beteiligten bestehenden Behandlungsvertrag (§§ 280, 611 BGB bzw. §§ 280, 630a ff BGB-Patientenrechtegesetz) sowie dem Recht der unerlaubten Handlung (§§ 823 ff. BGB).

I. Die Haftungsgrundlagen

a) Herstellerhaftung

Das Produkthaftungsgesetz sowie die deliktsrechtliche Produzentenhaftung sehen vor, dass der Hersteller für Sach- und Personenschäden haftet, die von seinem fehlerhaften Produkt verursacht wurden. Auf ein Verschulden des Herstellers kommt es beim Produkthaftungsgesetz nicht an (sog. verschuldensunabhängige Haftung oder Gefährdungshaftung), während im Rahmen der Produzentenhaftung nach § 823 BGB ein Verschulden haftungsbegründend wirkt. Beide knüpfen aber die Haftung an die Voraussetzungen Herstellereigenschaft, Produktfehler, Eintritt eines relevanten Schadens, Ursächlichkeit des Fehlers für den Schaden. Dabei werden Konstruktionsfehler, Fabrikationsfehler („Ausreißer"), Instruktionsfehler (fehlerhafte Beschreibung) als Produktfehler unterschieden. § 3 Abs. 1 ProdHaftG definiert ein Produkt denn auch als fehlerhaft, wenn es nicht die Sicherheit bietet, die unter Berücksichtigung aller Umstände, insbesondere

[6] Vgl. zur zivilrechtlichen Haftung der Anwender und Betreiber sowie deren strafrechtlichen Verantwortlichkeit Weimer und Jäkel (2012), S. 79 ff sowie Weimer, MPR 2007, S. 68 ff. (Teil 1), S. 96 ff. (Teil 2), S. 119 ff. (Teil 3) und MPR 2008, S. 6 ff. (Teil 4); vgl. auch zur zivilrechtlichen Haftung Koyuncu Phi 2009, 172 ff. und 218 ff. und Phi 2010, S. 108 ff. (Teil 1); S. 143 ff. (Teil 2); siehe auch Heil in: Anhalt, Dieners (Hrsg.), aaO. (Fn. 4), § 22 S. 649 ff.

- seiner Darbietung,
- des Gebrauchs mit dem billigerweise gerechnet werden durfte,
- des Zeitpunkts, in dem es in Verkehr gebracht wurde

berechtigterweise erwartet werden durfte. Der Gebrauch, mit dem billigerweise gerechnet werden kann, ist zunächst der bestimmungsgemäße Gebrauch. Er ergibt sich aus Art und Wesen des Produkts und aus der Zweckbestimmung, die der Hersteller dem Produkt in Beschreibungen, Gebrauchsanweisungen und Werbematerialien gegeben hat. Hersteller und Instruktion müssen außerdem auch auf einen über die Zweckbestimmung hinausgehenden üblichen Gebrauch und auf eine nicht ganz fernliegende versehentliche Fehlanwendung abstellen. Im Bereich der deliktsrechtlichen Produzentenhaftung ist darüber hinaus eine Haftung aufgrund unterlassener Produktbeobachtung nach in Verkehr bringen möglich.

Der geschädigte Patient kann im Rahmen des Produkthaftungsgesetzes den Sachschaden sowie seinen Personenschaden (Tod, Körperverletzung, Gesundheitsverletzung) bis zu einem Höchstbetrag in Höhe von 85 Mio. € geltend machen. Darüber hinaus steht dem Patienten auch ein Schmerzensgeldanspruch zu (§ 8 Satz 2 ProdHaftG). Im Bereich der verschuldensabhängigen Produzentenhaftung sind Schadensersatz und Schmerzensgeld der Höhe nach unbegrenzt.

Eine auch in der Praxis wesentliche Rolle spielen die Haftungsausschlussgründe nach § 1 Abs. 1, 2 ProdHaftG. Deren Vorliegen schließt eine Ersatzpflicht des Herstellers nach dem ProdHaftG aus. So ist diese z. B. ausgeschlossen, wenn der Hersteller das Produkt nicht in den Verkehr gebracht hat (Nr. 1), Fehlerfreiheit nach den Umständen zum Zeitpunkt des Inverkehrbringens anzunehmen ist (Nr. 2) oder wenn nach den neuesten technischen und wissenschaftlichen Erkenntnissen der vorhandene Produktfehler nicht erkennbar war (Nr. 5). Zu berücksichtigen ist jedoch, dass der Hersteller „verschuldensabhängig nach § 823 Abs. 1 BGB wegen der Verletzung von Produktbeobachtungspflichten haften kann, wenn ein ursprünglich nicht erkennbarer Fehler später erkennbar wird und der Hersteller trotz entsprechender Gefährdungslage nicht reagiert."[7] Dabei gilt es zu beachten, dass die Produktbeobachtungspflicht für Medizinprodukte durch Vorschriften der MPSV(Medizinprodukte Sicherheitsplan Verordnung) konkretisiert wird.[8]

Letztlich kommt § 823 Abs. 2 i. V. mit der Verletzung eines Schutzgesetzes als Anspruchsgrundlage gegen den Hersteller in Betracht. Die Vorschriften des MPG, hier insbesondere die §§ 4, 6, 9, 11 MPG und auch der Medizinprodukte-Sicherheitsplanverordnung (MPSV), hier vor allem § 3 MPSV, stellen gegenüber dem Hersteller Schutzgesetze dar, da sie konkrete Sorgfalts- und Sicherheitsanforderungen vorschreiben, um Patienten, Anwender sowie Dritte zu schützen (vgl. § 1 Abs. 1 MPG).[9]

---

[7] Koyuncu Phi 2010, S. 108 ff. (115 f.).

[8] OLG Düsseldorf, Urt. v. 14.03.2012 – I 25 U 122/10 zitiert nach juris.

[9] Weimer/Jäkel, aaO, Rdn. 259; Koyuncu Phi 2010, S. 143 ff. (147); in Bezug auf den Schutzgesetzcharakter der §§ 3,14 MPSV offen gelassen von OLG Düsseldorf, Urt. v. 14.03.2012 – I-15 U 122/10, Rdn. 163 zitiert nach juris.

b) Anwender- & Betreiberhaftung

Tritt durch die Anwendung eines mangelhaften oder durch den fehlerhaften Einsatz eines Medizinprodukts verschuldet ein Gesundheitsschaden ein, so kann der Verletzte Schadensersatz und Schmerzensgeld verlangen, da der fehlerhafte Einsatz als auch die nicht ordnungsgemäße Verwendung eines Medizinprodukts grundsätzlichen einen Behandlungsfehler darstellen. So entschied das OLG Köln im Jahre 2002 im Falle eines Urologen, der einen Patienten in kurzer Folge suprapubische Katheter gelegt hatte, deren Verfallsdatum um drei bzw. zwei Jahre überschritten waren, dass dies in der Gesamtschau als grober Behandlungsfehler zu werten sei. Bei dem Patienten stellte sich ein Harnwegsinfekt ein, der zu einer schweren Sepsis führte.

Der Krankenhausbetreiber ist aufgrund des geschlossenen Behandlungsvertrages verpflichtet, das Medizinprodukt sorgfaltsgemäß einzusetzen bzw. kein fehlerhaftes Produkt zu verwenden. Es handelt sich dabei um eine vertragliche Nebenpflicht in Form der Beachtung so genannter Verkehrssicherungspflichten. Verkehrssicherungspflichten beruhen auf dem Gedanken, dass jeder, der Gefahrenquellen schafft, die notwendigen Vorkehrungen zum Schutz Dritter zu treffen hat. Sie findet regelmäßig Ausdruck in Schutzgesetzen nach § 823 Abs. 2 BGB. Verstößt der Betreiber/Anwender schuldhaft gegen diese Pflicht, so ist er zudem vertraglich zum Schadensersatz und Schmerzensgeld verpflichtet (§§ 611, 280 BGB bzw. ab 1.1.2013 gemäß §§ 630a, 280 BGB).

Das Verschulden des jeweils handelnden Pflegepersonals oder des behandelnden Arztes wird dem Krankenhausbetreiber zugerechnet, da diese als seine Erfüllungsgehilfen (§ 278 BGB) handeln. Daneben haftet der Krankenhausbetreiber, Arzt sowie das Pflegepersonal auf Grundlage des Rechts der unerlaubten Handlung (§ 823 Abs. 1, 2 BGB) persönlich, wobei der Arbeitnehmer trotz seiner Durchführungsverantwortung gegenüber seinem Arbeitgeber regelmäßig einen Anspruch auf Haftungsfreistellung hat.[10] Auch im Recht der unerlaubten Handlung haftet der Krankenhausbetreiber als Geschäftsherr für das Handeln seiner Verrichtungsgehilfen (§ 831 BGB). Der Geschäftsherr kann sich jedoch exkulpieren und damit insoweit von der Haftung befreien, wenn er beweisen kann, dass er bei der Auswahl und Überwachung der Gerätschaften und des Personals die im Verkehr erforderliche Sorgfalt beachtet hat (§ 831 Abs. 1 Satz 2 BGB). In der Praxis ist dieser Beweis nur schwer zu führen. Ungeachtet dessen kommt jedoch eine Haftung des Anwenders/

[10] Dies ergibt sich aus dem, was früher – „Grundsatz der gefahrgeneigten Arbeit" – genannt wurde. Nach der neueren Rechtsprechung des Bundesarbeitsgerichts richtet sich die Höhe des Freistellungsanspruchs der Arbeitnehmer, d. h. die Aufteilung der Haftung für den Schaden zwischen Arbeitnehmer und Arbeitgeber, nach verschiedenen Faktoren. Dass es sich bei der Arbeit des Arbeitnehmers um eine gefahrgeneigte Arbeit handelt, ist nicht mehr Voraussetzung des Freistellungsanspruches. Jedoch ist der Freistellungsanspruch höher, je stärker die Arbeit gefahrgeneigt ist. Ganz grundsätzlich kann als Merkposten ausgeführt werden: Bei Vorsatz oder großer Fahrlässigkeit haftet der Arbeitnehmer voll. Bei mittlerer Fahrlässigkeit wird die Haftung gequotelt, bei leichter Fahrlässigkeit haftet nur der Arbeitgeber, vgl. dazu Krafczyk/Saller, MedR 1997, 493 (495).

Betreibers aus Vertrag sowie aus § 823 Abs. 1, 2 BGB wegen eines eigenen Durchführungs- oder/und Organisationsverschuldens in Betracht. Einige Vorschriften des MPG (z. B. § 4), der MPBetreibV (z. B. §§ 2, 4, 5, 10) und der MPSV (z. B. § 3 Abs. 2, § 12 Abs. 4) stellen zudem Schutzgesetze im Sinne des § 823 Abs. 2 BGB dar[11] und sind damit Ausdruck der allgemeinen Verkehrssicherungspflicht, andere vor Schaden durch eine geschaffene Gefahrenquelle zu bewahren. Schuldhafte, d. h. auch schon leicht fahrlässige Verstöße gegen diese Pflichten führen daher ohne weiteres zu einer Betreiber-, Anwenderhaftung nach § 823 Abs. 2 BGB.

c) Beweislast

Im Verhältnis zum Hersteller muss der Geschädigte als Anspruchssteller zunächst den Beweis führen, dass ihm ein Schaden durch den Fehler eines Produkts entstanden ist. Er muss also Produktfehler, Schaden und Ursächlichkeit nachweisen. Dies wird ihm in der Regel nur mittels Sachverständigengutachten gelingen. Der Hersteller dagegen hat den Entlastungsbeweis nach § 1 Abs. 2 ProduktHaftG zu führen. So wird er zum Beispiel die umfangreiche Dokumentation des Konformitätsbewertungsverfahrens vorlegen, um nach § 1 Abs. 2 Nr. 2 ProdHaftG darzulegen, dass nach den Umständen davon auszugehen ist, dass zum Zeitpunkt des in Verkehr bringen, kein Produktfehler vorlag, der den Schaden verursacht hat. Andererseits führt die Darlegung der „regulatorischen Compliance“ nicht zwingend zum Haftungsausschluss. Das Deliktsrecht gewährt keine pauschale Exkulpation für die bloße „regulatorische Compliance“. So verneinte denn auch das OLG Hamm in seinem Urteil vom 26. 10. 2010 (Az: I-21 U 163/08) das Vorliegen des Ausschlusstatbestandes nach § 1 Abs. 2 Nr. 5 ProdHaftG. Dort ging es um die Erkennbarkeit eines Produktfehlers an einem implantierbaren Herzschrittmacher. Den Hinweis der Beklagten auf die Einführung eines Qualitätsmanagementsystems nach der Richtlinie 90/385/EWG hielt das Gericht eben nicht für ausreichend, um den Entlastungsbeweis zu führen. Auf der anderen Seite statuiert § 12 Abs. 4 MPSV ein Verwerfungsverbot des Anwenders und Betreibers. So hat der Krankenhausträger als Betreiber und das Personal als Anwender dafür Sorge zu tragen, dass Medizinprodukte und Probematerialien, die im Verdacht stehen, an einem Vorkommnis (vgl. § 3 Nr. 1 MPSV) beteiligt zu sein, nicht verworfen werden. Werden Betreiber und Anwender dieser Obliegenheitsverpflichtung nicht gerecht und erschweren dem Hersteller die Führung seines Entlastungsbeweises oder machen diesen gar unmöglich, so wird man unter dem Gesichtspunkt der treuwidrigen Beweisvereitelung den Entlastungsbeweis zugunsten des Herstellers als geführt ansehen dürfen. Zumindest wird dem Hersteller ein Regressanspruch gegenüber dem Betreiber bzw. Anwender aufgrund dessen Verstoßes gegen ein Schutzgesetz nach den § 823 Abs. 2 BGB i. V. mit § 12 Abs. 4 MPSV zugestanden werden müssen, sollte der Hersteller aufgrund des Pflichtenverstoßes der Betreiber und Anwender seinen Entlastungsbeweis nicht führen können.

[11] Saarl. OLG, Urt. v. 3.8.2011 – 1 U 316/10–89, GesR 2011, 631 ff.

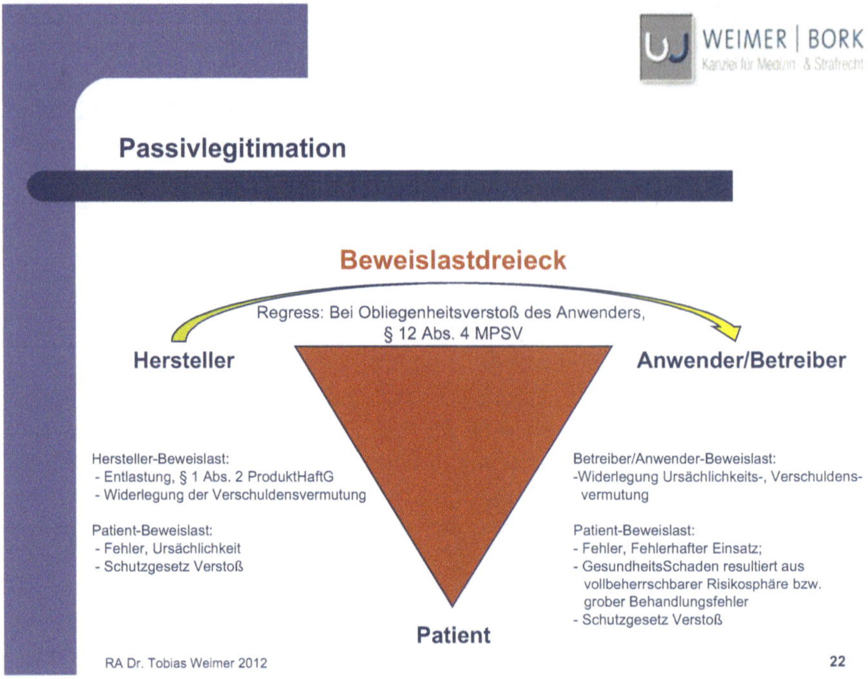

Abb. 1 Beziehungsdreieck

Bei der deliktischen Produzentenhaftung hat der Bundesgerichtshof besondere Beweislastregeln begründet, die der Problematik Rechnung tragen, dass es in bestimmten Fallkonstellationen dem Geschädigten schlicht nicht möglich ist, alle Tatbestandsvoraussetzungen zu beweisen, da ihm der Zugang zur Sphäre des Herstellers fehlt. So bejaht der BGH grundsätzlich eine Beweislastumkehr im Bereich des Verschuldens.[12] Der Hersteller hat also den Entlastungsbeweis in Bezug auf seine Sorgfaltspflichtverletzung zu führen. Das Verschulden wird ebenfalls vermutet, wenn der Geschädigte bewiesen hat, dass der Hersteller ein Schutzgesetz nach § 823 Abs. 2 BGB missachtet hat und ein Kausalzusammenhang zwischen Schaden und Schutzgesetzverstoß schlüssig dargelegt wurde (Abb. 1).

Im Verhältnis Patient versus Anwender und Betreiber gelten bezüglich der Beweislast die bekannten Regeln der Arzthaftung: Steht ein Verstoß gegen eine Verkehrssicherungspflicht (hier: Regelungen des MPG und/oder MPBetreibV) objektiv fest, muss der Geschädigte (Patient) – unter Umkehr der sonst üblichen Beweislast – nicht mehr das Verschulden des anderen (Betreibers/Anwenders) nachweisen. Vielmehr muss der Betreiber/Anwender die Umstände darlegen, die sein Verschulden ausschließen. Grundsätzlich hat der Patient das Vorliegen eines Behandlungsfehlers, das Verschulden der Behandlungsseite und den Kausalzusammenhang zwi-

[12] BGHZ 67, 359, 362.

schen dem Behandlungsfehler und dem bei ihm eingetretenen Gesundheitsschaden zu beweisen. Ausnahmsweise haben jedoch die Anwender/Betreiber also die Behandlungsseite die Vermutung des eigenen Verschuldens zu widerlegen, wenn feststeht, dass der Gesundheitsschaden aus einem Bereich stammt, dessen Gefahren von ihnen voll ausgeschlossen werden muss (so genanntes „vollbeherrschbares Risiko, vgl. § 630h Abs. 1 BGB n. F.).[13] Das betrifft insbesondere die Anwendung von Medizinprodukten. Kommt es z. B. bei einer übermäßig langen Verweildauer der Patientin unter einem Infrarot-Gerät zwischen 4 und 10 min zu Verbrennungen oder Hautschäden, ist davon auszugehen, dass dies auf ein Fehlverhalten des eingesetzten Personals zurückzuführen ist. Auch das ordnungsgemäße Funktionieren eines Elektrokauters gehört zu dem Bereich, dessen Gefahren ärztlicherseits voll ausgeschlossen werden müssen.[14] Weiter hat der Krankenhausträger zu beweisen, dass ihm bzw. dessen Erfüllungsgehilfen an der Funktionsuntüchtigkeit eines zum Einsatz kommenden Narkosegerätes kein Verschulden trifft.[15] Darüber hinaus tritt eine Umkehr der Beweislast in den Fällen ein, wo ein grober Behandlungsfehler angenommen wird, vgl. § 630a Abs. 5 BGB n. F.

2. Gemengelage von Verantwortlichkeiten

Die haftungsrechtliche Zuordnung von Verantwortlichkeiten ist jedoch keineswegs so eindeutig, wie es möglicherweise die überblicksartige Darstellung der medizinproduktrechtlichen Verpflichtungen auf den ersten Blick suggeriert. Die Gemengelage an Verantwortlichkeiten ist je nach Fallkonstellation vielschichtig.

a) Eigenherstellung von Medizinprodukten[16]

Ein gutes Beispiel ist die so genannte Eigenherstellung von Medizinprodukten. Neben dem Hersteller des Originalprodukts tritt in diesem Fall der Krankenhausträger bzw. sein Personal, welches Medizinprodukte einschließlich Zubehör in einer Gesundheitseinrichtung herstellt und anwendet, ohne es in den Verkehr zu bringen (vgl. zum Begriff der Eigenherstellung § 3 Nr. 22 MPG). Der Betreiber/Anwender, der aus zugelieferten Medizinprodukten oder Teilprodukten unter Veränderung oder Hinzufügung ein neues Medizinprodukt herstellt, wird zum Hersteller im Sinne des Produkthaftungsgesetzes. So hat der Europäische Gerichtshof bereits entschieden, dass das Produkthaftungsrecht auf Produkte aus Eigenherstellung Anwendung fin-

[13] Vgl. Martis/Winkhart, Arzthaftungsrecht, 2. Aufl. 2007, S. 892 ff.

[14] OLG Hamm, VersR 1999, Seite 1111 f.

[15] OLG Jena, Urt. v. 12.7.2006 – 4 U 705/05, VersR 2007, 69 ff.

[16] Vgl. Weimer/Jäkel, aaO, S. 36 ff.; Hill/Schmitt (Hrsg.), Wiesbadener Kommentar (WiKo) Medizinprodukterecht, II 1 Rdz. 95.

det.[17] Für Schäden, die durch dieses neue Medizinprodukt verursacht werden, ohne dass der schadensverursachende Fehler bereits bei einem der Teilprodukte vorlag, zeigt sich allein der Betreiber/Anwender als Hersteller verantwortlich. Das gilt insbesondere in den Fällen, in denen der Betreiber/Anwender Eingriffe in ein Medizinprodukt vornimmt, z. B. durch Einbau anderer Teile oder durch Verbindung mit Software, die vom Hersteller nicht zur Verwendung mit dem Teilprodukt freigegeben wurden (so genannte Positivliste). Der Eigenhersteller wird versuchen darzulegen, dass der Fehler bereits im Originalprodukt angelegt war und nicht auf die Abänderung, Kombination etc. zurückgeht. Dazu wird er Sachverständigenbeweis anbieten und zudem seine Einhaltung der regulatorischen Compliance vortragen müssen. Daran mangelt es jedoch häufig. Auf die Inbetriebnahme von Medizinprodukten aus Eigenherstellung finden nämlich nach § 12 Abs. 1 S. 3 MPG die Vorschriften über Sonderanfertigungen gemäß § 12 Abs. 1 S. 1 entsprechende Anwendung. Medizinprodukte aus Eigenherstellung haben folglich analog dem Verfahren, das für das Inverkehrbringen von Sonderanfertigungen gilt, die auf sie anwendbaren Grundlegenden Anforderungen zu erfüllen und ein Konformitätsbewertungsverfahren zu durchlaufen. § 12 Abs. 1 S. 3 MPG stellt dabei eine Privilegierung für die Herstellung von Medizinprodukten innerhalb einer Gesundheitseinrichtung dar. Wenn diese Produkte den Herrschaftsbereich des Betreibers niemals verlassen, also nicht in den Verkehr gebracht werden, muss nur ein Teil der klassischen Herstellerpflichten übernommen werden (sog. vereinfachtes Konformitätsbewertungsverfahren). Die zusammenfassende Beschreibung der Verfahren der Eigenherstellung findet sich für aktive implantierbare Medizinprodukte in § 4 Abs. 4 MPV, für sonstige Medizinprodukte in § 7 Abs. 9 MPV und für In-Vitro-Diagnostika in § 5 Abs. 5 MPV. Danach zählen zu den Pflichten des Eigenherstellers:

- Abgabe einer Erklärung mit folgenden Angaben:
- Name & Anschrift des Herstellers,
- Die zur Identifizierung des jeweiligen Produkts notwendigen Daten,
- Versicherung, dass das Produkt den Grundlegenden Anforderungen nach Anhang I der Richtlinie 93/42 oder 90/385/EWG oder 98/79/EG erfüllt
- Dokumentation: Fertigungsstätte, Auslegung, Herstellung, Leistungsdaten;
- Qualitätssichernde Maßnahmen;
- Maßnahmen zur Übereinstimmung Produkt – Dokumentation
- Aufbewahrungspflicht der Angaben: mindestens 5 Jahre.

Gemäß § 42 Abs. 2 Nr. 6 MPG handelt ordnungswidrig, wer vorsätzlich oder fahrlässig entgegen § 12 Abs. 1 MPG ein Medizinprodukte aus Eigenherstellung in Betrieb nimmt. Die Ordnungswidrigkeit kann mit einer Geldbuße in Höhe von bis zu € 25.000,- geahndet werden. Darüber hinaus erwachsen strafrechtliche Risiken, da jeder Hersteller verpflichtet ist, sich über die Gefahrlosigkeit seines Produkts zu überzeugen (vgl. § 4 Abs. 1 Nr. 1 MPG). Ein Verstoß kann mit Freiheitsstrafe bis zu einem Jahr oder mit Geldstrafe geahndet werden (vgl. § 41 Nr. 1 MPG).

[17] EuGH, Urt. v. 10.5.2001- C 203/99, MPJ 2005, 146.

b) Verstoß gegen Zweckbestimmung des Herstellers, Kombination von MP

Weiter wird der Betreiber und Anwender eines Medizinproduktes zum Hersteller, wenn er die Zweckbestimmung des Medizinproduktes (vgl. § 2 Abs. 1 MPBetreibV, § 3 Nr. 10 MPG) durch den eigentlichen Hersteller missachtet. Hier kommt der Vorschrift des § 2 Abs. 3 MPBetreibV eine besondere Bedeutung zu. Danach dürfen Medizinprodukte, die mit anderen Medizinprodukten oder mit Zubehör wie z. B. Software oder mit anderen Gegenständen verbunden werden, nur dann betrieben und angewendet werden, wenn sie dazu unter Berücksichtigung der Zweckbestimmung des Herstellers und der Sicherheit des Patienten, Anwenders, Betreibers oder Dritten geeignet sind. Missachtet der Betreiber die Zweckbestimmung, so wird er produkthaftungsrechtlich als Hersteller eines neuen Medizinproduktes mit abweichender Zweckbestimmung behandelt und übernimmt damit gleichzeitig die Produktverantwortung vom ursprünglichen Hersteller. Den Hersteller trifft wiederum eine deliktsrechtliche Produktbeobachtungspflicht auch in Bezug auf den objektiv vorhersehbaren Fehlgebrauch seines Medizinprodukts. Hat er also positive Kenntnis oder fahrlässige Unkenntnis von einem Verstoß gegen § 2 Abs. 1 MPBetreibV bzw. von einer unzulässigen Abänderung/Kombination von Medizinprodukten untereinander und/oder Zubehör unter Verstoß gegen § 10 oder § 12 MPG iVm § 7 Abs. 9 MPV, so stellen diese Sachverhalte haftungsrechtlich Herausforderungen dar (Beispiel: Applikation von Kontrastmitteln über ZVK-Lumen. Dieser ist ausgelegt nach Herstellerangabe auf 15 psi =1,0342 bar. Die Kontrastmittel werden nun mittels Powerinjektoren (bis zu 320 psi =22,063 bar) appliziert. Dabei platzt der Lumen). Hier stellen sich Fragen nach der Produktbeobachtungspflicht des Herstellers, sowie der ärztlichen Verantwortung als Anwender und den Organisationspflichten des Krankenhausträgers als Betreiber des Medizinprodukts. Dabei gilt es zu beachten, dass die Produktbeobachtungspflicht des Herstellers für Medizinprodukte durch die Vorschriften der MPSV (Medizinprodukte Sicherheitsplan Verordnung) konkretisiert werden.[18]

c) Instandhaltung, Einweisung, Funktionsprüfung

Die Vorschrift des § 5 Abs. 2 MPBetreibV besagt, dass Anwender, die nicht sachkundig oder erfahren genug sind und in den Gebrauch eines Medizinprodukts der Anlage I nicht eingewiesen wurden, mit dem entsprechenden Medizinprodukt nicht arbeiten dürfen. Verstößt der Arzt schuldhaft dagegen, so kann es zur Haftung des Arztes gemäß § 823 Abs. 2 BGB i. V. m. § 5 Abs. 2 MPBetreibV kommen. Daneben haftet der Krankenhausträger als Betreiber wegen des schuldhaften Unterlassens der Einweisung, wozu er verpflichtet war (vgl. § 5 Abs. 1 Nr. 2 MPBetreibV). Auch hier ist aber eine Gemengelage an Verantwortlichkeiten möglich, dann nämlich, wenn ein Medizinproduktehersteller als Dienstleister produktbegleitende Schulungen der Anwender in Form der Ersteinweisung (vgl. § 5 Abs. 1 MPBetreibV), „Refre-

[18] OLG Düsseldorf, Urt. v. 14.03.2012– I-25 U 122/10.

sher"-Kurse, Instandhaltungsmaßnahmen (vgl. § 4 MPBetreibV) etc. anbietet und es dabei zu Fehlern kommt. Neben den möglichen fehlerhaften Herstellungsprozess tritt damit die allerdings vertragliche Haftung des Herstellers wegen fehlerhafter Dienstleistung. Damit korrespondiert aber wiederum die Pflicht des Betreibers z. B. nach § 4 Abs. 5 MPBetreibV nur denjenigen zu beauftragen, der die Voraussetzungen zur ordnungsgemäßen Ausführung der Instandhaltungsmaßnahme erfüllt.

Weiter hat sich der Anwender eines Medizinprodukts nach § 2 Abs. 5 MPBetreibV vor der Anwendung das Medizinprodukt über die Funktionsfähigkeit, den ordnungsgemäßen Zustand zu überzeugen und dabei die Gebrauchsanweisung sowie sonstige beigefügte sicherheitsbezogene Informationen zu beachten. Verstößt der Anwender gegen diese Pflichten schuldhaft und entsteht dem Patienten daraus ein Gesundheitsschaden, so haftet der Anwender grundsätzlich persönlich auf Schadensersatz und Schmerzensgeld. Doch wie ist die Situation zu beurteilen, wenn z. B. die Gebrauchsanweisung fehlerhaft oder nur in englischer Sprache dem Anwender vorliegt und es deshalb zu Anwendungsfehlern kommt. Grundsätzlich können sich Anwender sowie Betreiber regelhaft auf die Ordnungsgemäßheit der Gebrauchsanweisung sowie sonstiger sicherheitsbezogener Informationen verlassen, so genannter Vertrauensgrundsatz[19]. So ist der Hersteller (vgl. § 3 Nr. 15 MPG) im Rahmen der Produkthaftung und der deliktsrechtlichen Produzentenhaftung für Instruktionsfehler in Form fehlerhafter Gebrauchshinweise zum Zeitpunkt des erstmaligen Inverkehrbringens eines Medizinprodukts verantwortlich. Verstößt der Hersteller nämlich gegen § 11 Abs. 2 MPG (Gebrauchshinweise in deutscher Sprache) oder/und Anhang I Ziffer I. Nr. 13 der Richtlinie 93/42 EWG (Bereitstellung von Informationen) so stellt dies einen Instruktionsfehler dar. Dies gilt jedoch nicht, wenn der Anwender einen Fehler in der Gebrauchsanweisung erkennt hat oder wegen Evidenz hätte erkennen müssen. Auch hier sind also Schnittstellen der Verantwortlichkeiten festzustellen.

D. Prozessuale Strategie

Je nach Interessenvertretung wird die prozessuale Strategie diese Gemengelage der möglichen Verantwortlichkeiten berücksichtigen müssen. Neben der gesamtschuldnerischen Inanspruchnahme aller möglichen Verursacher durch den Geschädigten, wird sich die Streitverkündung auf Seiten der Hersteller, Betreiber und Anwender anbieten, um die prozessuale Wirkung der Nebenintervention im Folgeprozess herbeizuführen.

[19] Vgl. zur Anwendbarkeit des Vertrauensgrundsatzes im medizinischen Bereich bzw. beim Einsatz medizinischer Geräte nur Schrenk, Medizinproduktegesetz und Arzthaftung, 2004, S. 290 ff. m. w. N.

E. Strafrecht

Neben der Frage der zivilrechtlichen Durchsetzbarkeit fraglicher Ansprüche bei sich überschneidenden Verantwortlichkeiten, sind mögliche nebenstrafrechtliche Folgen nach dem Medizinproduktegesetz nicht zu vergessen. Ein Verstoß gegen § 4 Abs. 1 Nr. 1 MPG stellt nämlich einen Straftatbestand dar, der gemäß § 40 Abs. 1 Nr. 1 MPG mit Freiheitsstrafe bis zu drei Jahren oder mit Geldstrafe geahndet werden kann. Dabei kommt es nicht auf einen tatsächlichen Unrechtserfolg (Tod, Körperverletzung) an, sondern es genügt der begründete Verdacht der Gefährdung, wobei es gleichgültig ist, ob die Gefährdung unmittelbar oder mittelbar erfolgt. Auch § 14 S. 2 MPG ist als abstraktes Gefährdungsdelikt strafrechtlich ausgestaltet, vgl. § 40 Abs. 1 Nr. 4 MPG.[20] Die Voraussetzungen liegen schon vor, wenn das Medizinprodukt objektiv einen Mangel aufweist und Patienten, Beschäftigte oder sonstige Dritte lediglich durch die Anwendung und den Betrieb gefährdet werden können. Eine Gefährdung muss sich als noch nicht ergeben haben, es genügt allein die Möglichkeit der Gefährdung. In sämtlich genannten Fällen ist der Versuch strafbar, vgl. § 40 Abs. 2 MPG. Darüber hinaus sieht § 40 Abs. 3 MPG in besonders schweren Fällen eine Freiheitsstrafe von einem bis zu fünf Jahren vor.

Literatur

Knoche (2005) VersR, S. 1614 ff.
Weimer, Jäkel (2012) Ratgeber Medizinprodukterecht
Weimer, MPR 2007, S. 68 ff. (Teil 1), S. 96 ff. (Teil 2), S. 119 ff. (Teil 3) und MPR 2008, S. 6 ff. (Teil 4)
Koyuncu, Phi (2009) 172 ff. und 218 ff.
Koyuncu, Phi (2010) S. 108 ff. (Teil 1); S. 143 ff. (Teil 2)
Anhalt, Dieners (Hrsg) aaO. (Fn. 4), § 22 S. 649 ff.
Martis/Winkhart, Arzthaftungsrecht (2007), 2. Auflage, S. 892 ff.

[20] Weimer/Jäkel, aaO, Rdn. 288.

Gesamtschuldnerausgleich? Medizinproduktehersteller – Arzt/Krankenhaus

Bernd-Rüdiger Kern

A. Einführung

Ärztliches Handeln ist geprägt durch vielfältiges Zusammenwirken auf unterschiedlichen Ebenen und in verschiedenen Bereichen. Zu den horizontal und vertikal miteinander tätigen Ärzten und deren Hilfspersonal kommt eine Vielzahl außerhalb des unmittelbaren medizinischen Geschehens stehender Personen, die dennoch einen wesentlichen Beitrag leisten. Beispielhaft seien allein die Arzneimittel- und Medizinproduktehersteller genannt.

Mit der Zunahme der Arzthaftungsfälle, die sowohl dem medizinischen Fortschritt wie auch der Arbeitsteilung auf verschiedenen Ebenen und damit zwangsläufig einhergehender Fehleranfälligkeit geschuldet ist, gewann auch das Institut der Gesamtschuld im Arzthaftpflichtrecht an Bedeutung. Da es im Klinikbereich in der Regel mehrere „Schädiger" gibt, die zusammenarbeiten und auf die § 840 BGB anzuwenden ist, vermag diese Erkenntnis nicht zu überraschen.

So ist etwa dann, wenn der Krankenhausträger und ein oder mehrere bei ihm beschäftigte Ärzte verklagt werden[1], eine Lösung für den Geschädigten und schließlich für den Ausgleich der Gesamtschuldner im Innenverhältnis in den §§ 421 ff., 831, 840 BGB zu suchen. Im Hinblick auf den „Gesamtschuldnerausgleich" ist gemäß § 426 Abs. 1 S. 1 BGB in der Regel von einer Verpflichtung zu gleichen Anteilen auszugehen.

[1] Vgl. nur BGH, r + s 2009, 523, der die Stellung als Gesamtschuldner beinahe selbstverständlich voraussetzt; OLG Hamm, NJW-RR 2010, 755 oder OLG Düsseldorf, NJW-RR 1999, 1043, welches im vorliegenden Fall den Gesamtschuldnerausgleich zwischen Krankenhaus und Kinderärztin verneint.

B.-R. Kern (✉)
Juristenfakultät, Universität Leipzig, Burgstr. 27,
04109 Leipzig, Deutschland
E-Mail: kschwarz@uni-leipzig.de

Arbeitsgemeinschaft Rechtsanwälte im Medizinrecht e. V. (Hrsg.), *Medizinprodukte in der Anwendung: Alle machen mit, keiner haftet?*, MedR Schriftenreihe Medizinrecht,
DOI 10.1007/978-3-642-40306-4_6, © Springer-Verlag Berlin Heidelberg 2014

Diese Grundsätze der gesamtschuldnerischen Haftung finden auch in Fällen arbeitsteiligen Zusammenwirkens von Ärzten[2], im Rahmen einer Praxisgemeinschaft[3] und zwischen Krankenhausträger und Belegarzt[4] regelmäßig Anwendung.

Bei dieser zunehmenden Berücksichtigung von Fällen gesamtschuldnerischer Haftung in der arzthaftungsrechtlichen Rechtsprechung verwundert die eher stiefmütterliche Behandlung in der Literatur.[5] Das mag sich zum Teil daraus erklären, dass im Arzthaftpflichtrecht generell Freistellungsansprüche des im Außenverhältnis haftenden Arztes gegen den Krankenhausträger bestehen. Umgekehrt kann aber auch dem Krankenhausträger im Falle eines groben Behandlungsfehlers ein Anspruch gegen den Arzt zustehen.

B. Fallbeispiele und juristischer Problemaufriss

Da der Begriff des Gesamtschuldnerausgleichs zunehmend auch im Zusammenhang mit ärztlicher Haftung und der Verantwortung des Arzneimittelherstellers in Erscheinung tritt[6], verwundert es, dass derartige Überlegungen beim Zusammenwirken von Medizinprodukteherstellern und Ärzten bzw. Krankenhäusern bislang fehlen.

Einige Fallbeispiele mögen das Problem verdeutlichen: Erhebliche Beeinträchtigungen eines Patienten sind beispielsweise darauf zurückzuführen, dass a) ein fehlerhaft gelieferter Herzschrittmacher versagt hat, und b) der Arzt den Herzschrittmacher sorgfaltswidrig einsetzte, und das, obwohl er den technischen Fehler hätte erkennen müssen. Die Beispiele lassen sich um viele vermehren: Brustimplantate, EEG-Elektroden, usw.

Bevor die Frage nach dem Gesamtschuldnerausgleich beantwortet werden kann, muss erst festgestellt werden, ob überhaupt eine Gesamtschuld gegeben ist. Dieser Teil der juristischen Prüfung ist viel umfangreicher und schwieriger als der Gesamtschuldnerausgleich. Insoweit sind zwei juristische Vorfragen zu klären:

---

[2] Mit zahlreichen Rechtsprechungsnachweisen Martis/Winkhart, Arzthaftungsrecht – Fallgruppenkommentar, 3. Aufl. 2010, A 252, A 258, A 301, A 353, A 368f.

[3] Martis/Winkhart, ebd., G 13 f.

[4] Martis/Winkhart, ebd., K 210 ff.

[5] Erwähnung finden Fälle gesamtschuldnerischer Haftung z. B. zwischen Erstschädiger und hinzukommendem Arzt (Prütting/Wegen/Weinreich, BGB Kommentar, 7. Aufl. 2012, § 421, Rn. 8), im Rahmen einer Gemeinschaftspraxis (Soergel, BGB, 13. Aufl. 2010, § 421, Rn. 33; Münchener Kommentar BGB, 6. Aufl. 2012, § 421, Rn. 24), im Zusammenhang mit Arzneimitteln (Staudinger BGB, 2012, § 421, Rn. 54 sowie § 426, Rn. 59, 63; Soergel, BGB, 13. Aufl. 2010, § 421, Rn. 41) und zwischen Krankenhausträgern und Ärzten (Bamberger/Roth, Beck'scher Online-Kommentar BGB, 3. Aufl. 2012, § 421, Rn. 9). Dagegen findet die Gesamtschuld in der Arzthaftung in den gängigen Handbüchern und Kommentaren zum Medizinrecht nahezu keine Beachtung.

[6] Verneinend Dietel, Rückgriffsansprüche des regresspflichtigen Arztes gegen Arzneimittelhersteller, PharmR 2012, 386 ff. Siehe auch Staudinger BGB, 2012, § 421, Rn. 54 sowie § 426, Rn. 59, 63; Soergel, BGB, 13. Aufl. 2010, § 421, Rn. 41.

a. Gelten die Vorschriften über die Gesamtschuld auch bei zwei unabhängig voneinander agierenden „Tätern"?

und

b. Kann eine Gesamtschuld angenommen werden, wenn die Haftungsgrundlagen nicht homogen sind, wenn also ein Anspruch aus Vertrag neben einem solchen aus Delikt und – noch problematischer – neben einem aus Gefährdung steht?

C. Rechtliche Grundlagen: §§ 421, 840 BGB

§ 421 BGB definiert die Gesamtschuld. Charakteristisch für eine Gesamtschuld ist, dass der Gläubiger die volle Leistung nach seinem Belieben von jedem Schuldner einfordern, aber insgesamt nur einmal Befriedigung verlangen kann. Mit der Leistung eines Schuldners verliert der Gläubiger den Anspruch gegen die anderen Schuldner. Die Gesamtschuld ist insofern für den Gläubiger von Vorteil, als er sein Leistungsinteresse ohne erhöhtes Ausfallrisiko gegen den liquiden Schuldner durchsetzen kann. Das Delkredererisiko verlagert sich auf den zahlenden Gesamtschuldner.[7]

Den Schuldnern ist die Einrede der Teilleistung abgeschnitten.[8] Untereinander bilden die Gesamtschuldner gemäß § 422 BGB eine sog. Tilgungsgemeinschaft. Aus dieser folgt die Befreiung der übrigen Schuldner gegenüber dem Gläubiger, sobald dieser durch einen Schuldner befriedigt wird. Auch wenn § 421 S. 1 BGB eine Legaldefinition der Gesamtschuld formuliert, werden die Voraussetzungen einer solchen nicht abschließend benannt. Welche das sind, muss allerdings nicht festgestellt werden, wenn es andere Normen gibt, die eine Gesamtschuld festlegen, z. B. § 840 BGB.

Da das BGB bei einer Mehrheit von Schuldnern nicht nur die Gesamtschuld kennt, sondern auch noch die Teilschuld (§ 420 BGB) und die Gesamthandsschuld, muss in jedem Einzelfall geprüft werden, ob überhaupt eine Gesamtschuld vorliegt. Deren Voraussetzungen

1. Mehrere Schuldner einer Leistung
   a. Schuldnermehrheit
   b. Einmaligkeit der Leistung
2. Unabhängigkeit des Schuldgrundes
3. Identität des Leistungsinteresses
4. Rechtliche Verbundenheit i.S. einer Tilgungsgemeinschaft

---

[7] Bamberger/Roth, § 421 BGB, Rn. 1.

[8] Staudinger, § 421 BGB, Rn. 110.

a. Zweckgemeinschaft
b. Gleichstufigkeit

lassen sich zum Teil § 421 BGB entnehmen oder folgen aus speziellen Normen, z. B. § 427 BGB, der die Gesamtschuld bei gemeinschaftlich geschlossenen Verträgen regelt. Eine Regelung für deliktische Ansprüche wird in § 840 BGB getroffen. In anderen Gesetzen finden sich weitere Regelungen, z. B. in § 5 ProdHaftG, der die Haftung mehrerer Hersteller für denselben Schaden als Gesamtschuldner festlegt.

Im Falle des § 840 Abs. 1 BGB wird eine Gesamtschuldnerschaft als gegeben vorausgesetzt, wenn die Voraussetzungen des § 840 Abs. 1 BGB vorliegen. Die Vorschrift enthält in ihrem Abs. 1 keine eigenständige Anspruchsgrundlage, sondern setzt vielmehr eine bereits bestehende Ersatzpflicht voraus.[9] Abs. 1 ordnet an, dass nebeneinander verantwortliche Täter einer unerlaubten Handlung im Außenverhältnis, d. h. dem Geschädigten gegenüber, als Gesamtschuldner haften und verweist damit auf die §§ 421 – 425 BGB.

D. Lösung

1. Nebeneinander verantwortlich

a) Die Herstellerseite

Die eine der oben aufgeworfenen Fragen beantwortet sich aus dem Gesetzeswortlaut. Nebeneinander Verantwortliche haften als Gesamtschuldner. Anspruchsgegner können sein der Hersteller des Medizinprodukts, der Aufbereiter, der Betreiber, der Anwender und dessen Hilfspersonen, die Benannte Stelle sowie im Rahmen eines Amtshaftungsanspruchs die für ihre Akkreditierung zuständige Behörde.

In diesem Zusammenhang ist allerdings § 20 Abs. 3 S. 3 MPG zu beachten: Ansprüche auf Schadenersatz entfallen, soweit aus der nach § 20 Abs. 1 Nr. 9, Abs. 3 MPG obligatorischen Probandenversicherung im Rahmen einer klinischen Prüfung aus der Versicherung geleistet wurde. Bei klinischen Prüfungen sind die Ansprüche aus Vertrag und Delikt daher vornehmlich für den Ersatz des immateriellen Schadens relevant, da diese Schäden in der Regel nicht von der Versicherung mit abgedeckt sind.

Die Haftung des Herstellers gegenüber dem Patienten erfolgt nach § 1 ff. ProdHaftG bzw. § 823 Abs. 1 oder Abs. 2 i. V. m. einem Schutzgesetz. Bei § 1 ProdHaftG handelt es sich um eine Gefährdungshaftung, daher ist kein Verschulden erforderlich. Der Hersteller haftet wegen Schaffung einer Gefahrenlage durch Inverkehrbringen eines fehlerhaften Produktes; nach § 5 ProdHaftG haften mehrere Hersteller für denselben Schaden als Gesamtschuldner. § 5 ProdHaftG findet allerdings keine Anwendung, wenn eine weitere Person aus einem anderen Rechtsgrund, etwa

[9] BGH NJW 1979, 544; Jauerning BGB, § 840, Rn. 2.

aus Vertrag oder aus § 823 Abs. 1 BGB, ersatzpflichtig ist. Anderes gilt wieder – als Ausnahme von der Ausnahme – wenn zusätzlich auch die Haftung nach den §§ 1, 4 ProdHaftG gegeben ist.

Ist die Haftung eines Dritten ausschließlich aus Vertrag oder Delikt außerhalb des ProdHaftG gegeben, ist der Regelungsgehalt des § 6 Abs. 2 ProdHaftG eröffnet. Das führt im Ergebnis allerdings ebenfalls dazu, dass die Regeln der Gesamtschuld über solidarische Außenhaftung und Binnenregress nach Verantwortungsanteilen Anwendung finden.[10] Insoweit verweist § 5 S. 2 ProdHaftG auf die §§ 421 ff. sowie § 426 BGB.

b) Die Anwenderseite

Erfolgt die Heilbehandlung unter Einsatz von Medizinprodukten, so haftet der Arzt für Defekte und fehlerhafte Bedienung aus § 823 Abs. 1 BGB und wegen Verletzung des Behandlungsvertrags. Eine Haftung aus § 1 ProdHaftG bzw. der Anwendung der Grundsätze der deliktischen Produzentenhaftung kommt nicht in Betracht, weil der Arzt weder Hersteller noch Quasi-Hersteller oder Importeur der Produkte ist. Hätte der Arzt den Fehler des Produkts erkennen müssen, haftet er selbstständig aus Behandlungsvertrag und § 823 Abs. 1 BGB, also lediglich verschuldensabhängig.

2. Homogenität der Anspruchsgrundlagen

Größere Probleme wirft die Frage nach der Handhabung nicht homogener Anspruchsgrundlagen auf. § 840 BGB spricht eindeutig davon, dass der Schaden aus einer unerlaubten Handlung entstanden sein muss. Insoweit ist zunächst die Haftung des Medizinprodukteherstellers zu hinterfragen.

Das MPG enthält – anders als das AMG – keine spezifischen Haftungsnormen; § 6 Abs. 4 MPG stellt lediglich klar, dass die Durchführung von Konformitätsbewertungsverfahren die zivil- und strafrechtliche Verantwortlichkeit des Verantwortlichen nach § 5 MPG unberührt lässt. Die Haftung ergibt sich vielmehr aus dem allgemeinen Haftungsrecht: aus Vertrag und aus § 823 Abs. 1 BGB wegen unerlaubter Handlung (Produzentenhaftung), aus § 823 Abs. 2 BGB wegen Verletzung eines Schutzgesetzes (insb. §§ 4, 6, 9, 11 Abs. 2 und 12 MPG), aus § 831 BGB wegen Haftung für die unerlaubte Handlung eines Verrichtungsgehilfen und aus § 1 ProdHaftG.

Weder Verträge, noch Gefährdungshaftungstatbestände sind indessen als unerlaubte Handlungen, als Delikt, anzusehen. Der Begriff der unerlaubten Handlung in Abs. 1 ist allerdings nach h. L. und Rechtsprechung weit auszulegen.[11] Gegen den Wortlaut der Norm werden alle Fälle einer gesetzlich geregelten Schadensersatz-

[10] Münchener Kommentar zum BGB, § 5 ProdHaftG, Rn. 2.

[11] Ansgar in Schulze, BGB, § 840, Rn. 3; Münchener Kommentar zum BGB, § 840, Rn. 4.

pflicht[12] einschließlich der Tatbestände der Gefährdungshaftung inner- (§ 833 S. 1 BGB) und außerhalb des BGB (etwa ProdHaftG, StVG, UmweltHaftG) erfasst: „Seine Anwendbarkeit wird auch nicht dadurch ausgeschlossen, dass einen der deliktisch Verantwortlichen gleichzeitig eine vertragliche Ersatzpflicht trifft. Abs. 1 ist darüber hinaus von seinem Rechtsgedanken heranzuziehen, wenn für denselben Schaden ein Schuldner aus Vertrag und ein anderer aus unerlaubter Handlung haftet".[13] Noch weitergehend wird Abs. 1 zumindest entsprechend auf den Fall angewendet, dass bezüglich derselben Schadensursache die eine Person deliktisch und die andere aus dem Gesichtspunkt der Aufopferung haftet.[14]

3. Kausalität für die Schadensentstehung

Im Fall der Nebentäterschaft kann der Schaden auch aus mehreren unerlaubten Handlungen resultieren, wenn diese den Gesamtschaden und nicht bloß separate Teilschäden verursacht haben. Anzuwenden sind die allgemeinen Kausalitätsanforderungen der Äquivalenz und Adäquanz.[15] Resultierend aus der Conditio-sine-qua-non-Formel ist eine kumulative Kausalität ausreichend. Liegt sie vor, ist § 830 Abs. 1 S. 2 BGB anzuwenden. Dem Kausalitätserfordernis ist auch genüge getan, wenn zeitlich getrennte Einzelhandlungen zum Entstehen des gesamten Schadens adäquat kausal beigetragen haben.[16]

4. Schädiger müssen nebeneinander für den Schaden verantwortlich sein

Nebeneinander verantwortlich sind nicht nur Mittäter (§ 830 Abs. 1 S. 1 BGB), Teilnehmer (Anstifter und Gehilfe: § 830 Abs. 2 BGB) sowie Beteiligte i. S. v. § 830 Abs. 2 S. 1 BGB, sondern auch Nebentäter, wenn sie den Gesamtschaden verursacht haben.[17]

Ist die Haftung eines Beteiligten ausgeschlossen oder subsidiär, besteht eine parallele Verantwortlichkeit nicht.[18]

Nebentäterschaft ist die Schadensrealisierung durch schuldhafte, aber ohne bewusstes Zusammenwirken selbständige, unerlaubte Handlungen. Eine nebentäterschaftliche Verantwortlichkeit ist begründet, wenn die Nebentäter nicht nur einen

---

[12] Ansgar in Schulze, BGB, § 840, Rn. 3; Münchener Kommentar zum BGB, § 840, Rn. 4.

[13] Ansgar in Schulze, BGB, § 840, Rn. 3; BGH NJW 90, 2883; Münchener Kommentar zum BGB, § 840, Rn. 9.

[14] Vgl BGHZ 85, 386 (zu § 906 Abs. 2 S. 2 BGB); Ansgar in Schulze, BGB, § 840, Rn. 3.

[15] Staudinger, § 840, Rn. 16.

[16] Staudinger, § 840, Rn. 16.

[17] Ansgar in Schulze, BGB, § 840, Rn. 6; BGHZ 30, 208.

[18] Ansgar in Schulze, BGB, § 840, Rn. 7; BGH NJW 90, 2883; Münchener Kommentar zum BGB, § 840, Rn. 8.

abgrenzbaren Teilschaden verursachen, sondern eine zurechenbare Bedingung für den Gesamtschaden setzen.[19] Ein naher zeitlicher Zusammenhang zwischen den Handlungen der Einzelschädiger und dem Gesamtschaden ist nicht erforderlich.[20]

5. Verantwortlichkeit

Die Schuldform ist für die gesamtschuldnerische Haftung unerheblich. Daher liegt eine Verantwortlichkeit mehrerer nach § 840 BGB auch dann vor, wenn nur ein Schädiger vorsätzlich, der andere fahrlässig gehandelt hat oder wenn fahrlässiges Handeln beider Schädiger gegeben ist bzw. wenn Verschuldens- und Gefährdungshaftung zusammentreffen.[21]

6. Umfang der Verantwortlichkeit

Sind die Beteiligten für den Schaden in gleichem Umfang im Außenverhältnis verantwortlich, folgt daraus auch eine gesamtschuldnerische Haftung zu gleichen Anteilen. Schwieriger gestalten sich regelmäßig die Fälle, in denen die Schädiger in unterschiedlichem Umfang für den Schaden einzustehen haben. Eine gesamtschuldnerische Haftung ist dann nur in Höhe derjenigen Ersatzpflicht gegeben, in deren Höhe sich die Verpflichtungen der Schädiger decken. Für den überschießenden Betrag haftet im Übrigen der Beteiligte, der für den entstandenen Schaden in größerem Umfang verantwortlich und deshalb auch höher ersatzpflichtig ist, allein.[22]

Für die Parteien war die Haftung als (Teil-)Gesamtschuldner mit unterschiedlichen Haftungsanteilen insbesondere dann von Bedeutung, wenn eine Haftung nach allgemeinen Vorschriften des BGB mit einer solchen nach Gefährdungshaftung, die nur materielle Schäden erfasste und in der Höhe begrenzt war, zusammentraf.[23]

Mit der Schaffung von Schmerzensgeldansprüchen in § 8 ProdHaftG n. F. ist das Problem weithin obsolet geworden. Eine unterschiedlich hohe Haftungsquote kann sich aber weiterhin aus § 10 Abs. 1 ProdHaftG, der einen Haftungshöchstbetrag festsetzt, ergeben.

Darüber hinaus kann sich auch bei der Bestimmung der Höhe des Schmerzensgeldes nach § 253 Abs. 2 BGB und der Billigkeitswiedergutmachung i. S. des § 829 BGB ein unterschiedlicher Haftungsumfang ergeben. Hierbei wird nämlich unter anderem die wirtschaftliche Situation und das Einkommen des zum Ersatz Verpflichteten berücksichtigt und kann für das Ergebnis bedeutsam sein.

---

[19] Staudinger, § 840, Rn. 19; BGHZ 17, 214, 221.

[20] Staudinger, § 840, Rn. 19; BGH MDR 1964, 135.

[21] Staudinger, § 840, Rn. 19; RGZ 61, 56, 63.

[22] Staudinger, § 840, Rn. 20; Münchener Kommentar BGB, § 840, Rn. 12.

[23] Staudinger, § 840, Rn. 21; vgl. § 88 AMG, § 33 GenTG, §§ 9 f HpflG, § 33 LuftVG, § 10 ProdHaftG, § 12 StVG, § 15 UmweltHG jeweils in der bis zum 31. 7. 2002 geltenden Fassung; § 117 Abs. 1 BBergG, § 8 Abs. 3 BDSG.

E. Ausgleich im Innenverhältnis

1. Grundregel

Die Ausgleichspflicht untereinander bestimmt sich nach § 426 BGB. Soweit nichts anderes bestimmt ist, sind die Schädiger demnach im Innenverhältnis zu gleichen Teilen verpflichtet.

Sowohl § 840 Abs. 2 als auch § 840 Abs. 3 BGB modifizieren den Grundsatz des § 426 BGB, nach welchem die Gesamtschuldner im Verhältnis zueinander zu gleichen Teilen verpflichtet sind. Primär haftet nach dem Gesetz aber stets derjenige, der den Schaden vorsätzlich oder grob fahrlässig herbeigeführt hat, vollständig. Die bloße Gefährdung führt, wie auch das nur vermutete Verschulden, zu einer nachrangigen Haftung.[24] § 840 Abs. 3 BGB bezieht sich allerdings nur auf die §§ 833 bis 838 BGB. Eine analoge Anwendung des § 840 Abs. 3 BGB auf die zahlreichen Gefährdungshaftungstatbestände außerhalb des BGB, wie etwa § 1 HPflG, kommt nicht in Betracht und greift daher zwischen Arzt und Hersteller nicht.

Damit bleibt es bei § 426 Abs. 1 BGB, sodass die Gesamtschuldner im Innenverhältnis nach Kopfteilen haften. Ein „anderes" im Sinne des § 840 Abs. 1 S. 1 BGB wird durch den Rechtsgedanken des § 254 BGB bestimmt. Für den Umfang des Regressanspruchs sind somit die Verursachungs- und Verschuldensanteile maßgeblich.

Im Ergebnis haften Gesamtschuldner im Außenverhältnis verbunden auf das Ganze, im Innenverhältnis nur nach einer – ggf. mit Hilfe des § 287 ZPO zu schätzenden – Quote, also als Teilschuldner.[25]

Eine völlige Freistellung eines im Außenverhältnis verantwortlichen Schädigers im Innenverhältnis ist denkbar, wenn die Verursachungs- und Verschuldensanteile eines Beteiligten derart groß sind, dass sie den Beitrag des Anderen deutlich übersteigen.[26]

2. Gestörte Gesamtschuld

Zu untersuchen bleibt, ob die Regeln der sog. gestörten Gesamtschuld zur Anwendung kommen, wenn der Hersteller insolvent ist, und demzufolge als Schuldner ausfällt und nicht haftet. Eine gestörte Gesamtschuld liegt vor, wenn ein Gesamtschuldner ausfällt, weil es eine gesetzliche oder zumindest vertragliche Haftungsverlagerung gibt. Die Folgen sind strittig. Es bleibt bei § 421 BGB, oder die anderen Gesamtschuldner haften auch im Außenverhältnis nur nach ihren Quoten oder sie haften im vollen Umfang, ohne Ausgleichsmöglichkeit. Die h. L. und die

[24] Bamberger/Roth, BGB, § 840 BGB, Rn. 18.

[25] Münchener Kommentar zum BGB, § 840, Rn. 14.

[26] Münchener Kommentar zum BGB, § 840, Rn. 14.

Rechtsprechung bevorzugen die Haftungsbeschränkung der anderen Schuldner auf ihre Quote auch im Außenverhältnis.[27]

Im Fall der Herstellerinsolvenz finden diese Rechtsgedanken allerdings keine Anwendung, weil es sich um eine tatsächliche Haftungsverlagerung handelt und nicht um eine auf einer gesetzlichen oder vertraglichen Grundlage beruhende. Außerdem entspräche das Ergebnis nicht der gesetzgeberischen Intention, die ja gerade dahin geht, das Ausfallrisiko vom Gläubiger auf die Schuldner zu übertragen. Demzufolge gibt es auch keine einschlägige Rechtsprechung.

F. Prozessuale Erwägungen

Der Patient ist frei in seiner Entscheidung, wen von mehreren Mitverursachern er auf Schadensersatz in Anspruch nehmen will. Er kann sich unter Abwägung prozessökonomischer Gesichtspunkte den zahlungskräftigeren und liquideren Anspruchsgegner aussuchen.

Dass bei einer Inanspruchnahme des Arztes der Patient einen schuldhaft begangenen Behandlungsfehler – mit Hilfe von Sachverständigen – darlegen und beweisen muss, spricht vielleicht dafür, bevorzugt den Hersteller in Anspruch zu nehmen. Das ist allerdings nicht ratsam, wenn dieser insolvent ist und keine Haftpflichtversicherung abgeschlossen hat. Hierin liegt eine der Schwächen des Medizinprodukterechts, das eine Pflicht zum Abschluss einer Haftpflichtversicherung nicht kennt.

G. Schluss

Der Beitrag hat gezeigt, dass immer an die Gesamtschuld bei der Haftung von Medizinprodukteherstellern und Ärzten gedacht werden sollte. Sie ermöglicht unter bestimmten Umständen die Inanspruchnahme des Schuldners mit der schwächsten Haftungsgrundlage. Zu denken ist aber auch daran, sie verstärkt für Ansprüche gegen unabhängig voneinander haftende Ärzte und Krankenhausträger fruchtbar zu machen, auch wenn der zuletzt genannte Aspekt hier entfällt.

[27] Vgl. allgemein nur Palandt, BGB, 72. Aufl. 2013, § 426, Rn. 18 ff.

Aufklärungspflichten bei Medizinprodukten

Joachim Kettler

A. Einleitung

Die juristische Fachliteratur hat sich in der Vergangenheit mit ärztlichen Aufklärungspflichten im Zusammenhang mit der Verwendung von Medizinprodukten kaum auseinandergesetzt. Deutsch hat dies in einem 2006 erschienenen Aufsatz[1] wie folgt auf den Punkt gebracht: „Wirft man einen Blick in die Lehrbücher und Kommentare, so wird man enttäuscht."... „Was die Literatur angeht, so ziehen wir also eine Niete oder, wenn Sie so wollen, ein Freilos." Nachfolgend soll im Wesentlichen anhand der vorliegenden Rechtsprechung und der spärlichen Literatur ein Überblick über die Anforderungen an ärztliche Aufklärungspflichten im Zusammenhang mit der Verwendung von Medizinprodukten versucht werden.

B. Allgemeines zur ärztlichen Aufklärungspflicht

Für jede medizinische Behandlung gilt, dass, wenn sie mit irgendwelchen Risiken für die körperliche Unversehrtheit des Patienten verbunden ist, der Patient „im Großen und Ganzen" über die Risiken einer ordnungsgemäßen Behandlung, insbesondere Art, Bedeutung und Folgen des Eingriffs, aufgeklärt werden muss.[2] Hierbei handelt es sich um die sogenannte Grundaufklärung oder Selbstbestimmungsaufklärung. Führt der Arzt eine solche Grundaufklärung nicht durch, stellt unter Umständen schon der Eingriff selbst eine rechtswidrige Körperverletzung im zivil-

[1] Deutsch, Versicherungsrecht 2006, 1145.

[2] Spindler, Beck'scher Online-Kommentar aus dem BGB, Stand 01.03.2011, § 823 Rd. Nr. 607 mit weiteren Nachweisen.

J. Kettler (✉)
Kanzlei Große-Boymann, Magdeburger Str. 14a,
14770 Brandenburg, Deutschland
E-Mail: kettler-pers@k-gb.de

Arbeitsgemeinschaft Rechtsanwälte im Medizinrecht e. V. (Hrsg.), *Medizinprodukte in der Anwendung: Alle machen mit, keiner haftet?*, MedR Schriftenreihe Medizinrecht,
DOI 10.1007/978-3-642-40306-4_7,

rechtlichen und strafrechtlichen Sinn dar, weil der Patient sein Selbstbestimmungsrecht nicht ausüben konnte und es deshalb an einer wirksamen Einwilligung fehlt. Die Grundaufklärung ist die in jedem Fall eine geschuldete Aufklärung. Die genauen Umrisse dieser Grundaufklärung hat die Rechtsprechung bisher offen gelassen, was vor Gericht für Ärzte und Patienten einen gewissen Argumentationsspielraum im Einzelfall eröffnet.[3] Fehlt es an der Grundaufklärung, haftet der Arzt für alle Folgen des Eingriffs, auch für die Realisierung äußerst seltener Risiken.

Von der Grundaufklärung ist die Sicherungsaufklärung zu unterscheiden. Die Sicherungsaufklärung schuldet der Arzt als Bestandteil des Heileingriffs in diagnostischer und therapeutischer Hinsicht. Zum Beispiel muss er den Patienten auf eine erforderliche Änderung der Lebensgewohnheiten hinweisen, wenn der Patient nach einem Eingriff vorübergehend bestimmte Belastungen und Bewegungen vermeiden muss.[4]

C. Allgemeines zur Grundaufklärung bei Medizinprodukten

Auch bei der Verwendung von Medizinprodukten haben die Ärzte die Verpflichtung, ihre Patienten über etwaige Risiken bei der Verwendung von Medizinprodukten aufzuklären. Es gelten insoweit keine Besonderheiten im Vergleich zu den allgemeinen ärztlichen Aufklärungspflichten bei der Grundaufklärung. Zweck der Aufklärung ist auch im Zusammenhang mit der Anwendung von Medizinprodukten, den Patienten im Wesentlichen einen Überblick über die Risiken des Eingriffs sowie dessen Art und seiner Schwere zu verschaffen. Die Aufklärung ist deshalb so anzulegen, dass sich der Patient ein allgemeines Bild von der Schwere und dem Risikobereich des Eingriffs machen kann.[5] Der Arzt muss Art und Schwere des Eingriffs kennzeichnen. Dabei muss er die Risiken nicht medizinisch exakt und in allen denkbaren Erscheinungsformen für den Patienten darstellen.[6]

D. Grundaufklärung über Behandlungsalternativen

Der Arzt muss den Patienten nicht über sämtliche auf dem Markt befindlichen Medizinprodukte für den geplanten Eingriff unterrichten und die möglichen Materialvarianten darstellen. Nur dann, wenn sich daraus für den Patienten unterschiedliche Chancen und Risiken für die Behandlung ergeben, besteht Aufklärungsbedarf.[7] Das

[3] Spindler, Beck'scher Online-Kommentar, am angegebenen Ort.

[4] Spindler, Beck'scher Online-Kommentar zum BGB, a.a.O., Rd. Nr. 605.

[5] Hobusch/Ochs, Medizinrecht 2009, 15 ff, 21/22.

[6] OLG Düsseldorf, Urteil vom 25.04.2002, Az: I-8 U 5/01, Seite 9 zur Herzkatheteruntersuchung.

[7] OLG München, Beschluss vom 20.04.2012, Az: 1 U 4430/11, Beck RS 2012, 09098.

Oberlandesgericht München hatte sich mit einem Patienten auseinanderzusetzen, der die Auffassung vertrat, nicht hinreichend über Behandlungsalternativen im Rahmen einer Augenoperation aufgeklärt worden zu sein. Ihm wurde eine Linse eingesetzt und er vertrat die Auffassung, er sei nicht hinreichend über die Gefahr eines Störempfindens beim Sehen infolge von Glaskörpertrübungen aufgeklärt worden, die nach Einsatz der Linse wahrnehmbar werden können. Das Oberlandesgericht München führte aus, dass zwar durchaus eine konservative Behandlung oder bloßes Abwarten eine Behandlungsalternative zu einer Operation sein können, über die der Patient informiert werden müsse. Im vorliegenden Falle sei eine solche Behandlungsalternative jedoch nicht ersichtlich, weil keine Aussichten auf Besserung bestanden hätten. Bei dem Patienten habe im konkreten Fall lediglich die Alternative bestanden, sich mit der schlechten Sehfähigkeit abzufinden oder eine künstliche Linse einsetzen zu lassen.[8] Ein Anlass, über Behandlungsalternativen aufzuklären, habe deshalb für die Ärzte nicht bestanden.

Das Oberlandesgericht Karlsruhe hatte sich mit der Frage zu beschäftigen, ob der Arzt einen Patienten bei einer totalendoprothetischen Hüftversorgung über die Möglichkeit der Verwendung verschiedener Materialkombinationen bei einer Totalendoprothese aufklären musste.[9] Der Patient hatte gerügt, es sei fehlerhaft gewesen eine Metall/Polyaethylen-Kombination zu verwenden, denn diese habe gegenüber einer Keramik/Polyäthylen-Kombination einen stärkeren Abrieb, der zu einer Lockerung der Pfanne führe. Außerdem hätte der individuell angefertigte Schaft nicht mit einer stabilisierten Schraubpfanne kombiniert werden dürfen. Das Oberlandesgericht Karlsruhe kam zu dem Ergebnis, dass eine Aufklärung über die verschiedenen Materialkombinationen für die Prothese nicht erforderlich war. Die Wahl der Behandlungsmethode sei primär Sache des Arztes. Deshalb hat er den Patienten im Allgemeinen nicht ungefragt zu erläutern, welche Behandlungsmethoden theoretisch in Betracht kommen, was für oder gegen eine andere dieser Methoden spricht, solange er eine Therapie anwendet, die dem medizinischen Standard genügt.[10]

Das Selbstbestimmungsrecht des Patienten macht eine Unterrichtung über alternativ zur Verfügung stehende Behandlungsmethoden aber immer dann erforderlich, wenn für eine medizinisch indizierte Therapie mehrere Behandlungsmöglichkeiten zur Verfügung stehen, die zu jeweils unterschiedlichen Belastungen des Patienten führen oder unterschiedliche Risiken und Erfolgschancen bieten. Dann muss der Patient selbst prüfen können, was er an Belastungen und Gefahren im Hinblick auf möglicherweise unterschiedliche Erfolgschancen der verschiedenen Behandlungsmethoden auf sich nehmen will. Dabei hat die Verpflichtung zur Aufklärung des Patienten dort ihre Grenzen, wo der Patient keine echte Wahlmöglichkeit hat. Die Kenntnis über die Behandlungsalternative muss auch für den Patienten entscheidungserheblich sein. Dies ist dann nicht der Fall, wenn die Behandlungsalternativen nicht zu jeweils unterschiedlichen Belastungen des Patienten führen oder wesentlich unterschiedliche Risiken und Erfolgschancen bieten. Das Oberlandesgericht

[8] OLG München, Beschluss vom 20.04.2012, a.a.O.

[9] OLG Karlsruhe, Urteil vom 10.07.2002, Az: 7 U 159/01, OLG Karlsruhe 2002, 392 ff.

[10] OLG Karlsruhe, a.a.O.

Karlsruhe sah bei der Verwendung verschiedener Materialkombinationen nicht wesentlich unterschiedliche Risiken und Belastungen für den Patienten. So habe die Materialkombination Metall/Polyäthylen zwar ein geringfügig höheres Abriebrisiko für den Patienten, dem stehe aber ein höheres Sprengungsrisiko der Materialpaarung Keramik/Polyäthylen gegenüber. Da die Haltbarkeit der Prothesen aus den unterschiedlichen Materialkombinationen nicht wesentlich anders zu beurteilen sein dürfte, habe der Arzt nicht über die Vor- und Nachteile der unterschiedlichen Materialkombinationen aufklären müssen.[11]

Demgegenüber besteht eine Aufklärungspflicht über medizinisch gleichwertige Behandlungsmöglichkeiten mit unterschiedlichen Chancen und Risiken für den Patienten.[12] 2005 musste sich das Oberlandesgericht Stuttgart mit der Frage auseinandersetzen, ob es bei Zahnimplantaten einer Aufklärung darüber bedurfte, dass die Verwendung künstlichen Knochenersatzmaterials (BIO-OSS) durch die Transplantation von Knochenmaterial aus dem Beckenkamm oder die Verwendung lateraler Zahnimplantate entbehrlich sein kann. Das Oberlandesgericht Stuttgart sah den Eingriff als rechtswidrig an. Es sah in der implantologischen Versorgung mit autologem Knochenmaterial eine gleichwertige Behandlungsalternative zur Verwendung von Knochenersatzmaterial aus Rinderknochen (BIO-OSS). Über diese Behandlungsmöglichkeiten sei der Kläger pflichtwidrig nicht in gebotener Weise aufgeklärt worden. Es lägen gleichwertige Behandlungsmöglichkeiten mit unterschiedlichen Belastungen des Patienten und unterschiedliche Risiken und Erfolgschancen vor. So könne bei der Gewinnung von eigenem Knochenmaterial schon nach drei Monaten implantiert werden, die Gewinnung des Materials setze allerdings einen operativen Eingriff am Beckenkamm des Patienten voraus, der wiederum zu einem eigenständigen Infektionsrisiko führt und die Behandlung teurer mache. Ein solcher Eingriff sei hingegen entbehrlich, wenn Knochenersatzmaterial verwendet werde. Dort betrage die Einheilungszeit allerdings sechs bis neun Monate. Darüber hinaus bestehe bei Knochenersatzmaterialien aufgrund der Porosität des Materials eine größere Infektanfälligkeit im Vergleich zum transplantierten autologen Knochen. Eine etwaige Infektion könne schwieriger behandelt werden. Damit liegen echte Behandlungsalternativen mit unterschiedlichen Chancen und Risiken vor, über die der Patient aufgeklärt werden muss, vor.[13]

E. Grundaufklärung über Behandlungsrisiken

Auch bei ärztlichen Aufklärungspflichten im Zusammenhang mit Behandlungsrisiken gelten bei Medizinprodukten keine Besonderheiten. Die Risikoaufklärung soll dem Patienten ausreichend Informationen geben, damit er die Tragweite des geplanten Eingriffs abschätzen kann. Allerdings muss der Arzt nicht nur über

[11] OLG Karlsruhe, a.a.O.

[12] OLG Stuttgart, Urteil vom 12.07.2005 – 1 U 25/05, BeckRS 2005, 09593.

[13] OLG Stuttgart, a.a.O.

typische Risiken aufklären, die von der geplanten ärztlichen Maßnahme ausgehen, sondern bei besonders schwerwiegenden Folgen auch über Risikofaktoren, die extrem unwahrscheinlich sind, soweit sich aus diesen Risiken besonders schwerwiegende Folgen für den Patienten ergeben können. Je niedriger der Krankheitswert, desto höher sind die Anforderungen an die Aufklärung, auch der entferntesten Folgen eines geplanten Eingriffs. Bei medizinisch nicht indizierten Eingriffen, wie Schönheitsoperationen, Sterilisationseingriffen und Blutspenden sind die Aufklärungsanforderungen daher besonders hoch. Die Patienten sind dabei auf extrem entfernte Gefahren hinzuweisen. Andererseits dominiert bei vital indizierten Eingriffen die Pflicht zu lebensrettenden Maßnahmen, sodass die Anforderungen an die Intensität der Aufklärung niedrig sind.[14]

Das Brandenburgische Oberlandesgericht hatte sich mit der Risikoaufklärung bei Zahnimplantaten auseinanderzusetzen. Vor einer durchgeführten Behandlung hatte der Zahnarzt die Patientin nicht über das Risiko einer Implantatabstoßung informiert. Damit fehlte die Aufklärung über ein dem Eingriff typischerweise anhaftendes Risiko, welches für die Bedeutung der Lebensführung des Patienten im Fall der Verwirklichung des Risikos von besonderer Bedeutung ist. Der Senat sah im Hinblick auf die mit der Behandlung der Einheilungsstörung notwendig gewordene Entfernung des Implantats wegen der damit verbundenen Beeinträchtigung und Schmerzen für die Patientin ein aufklärungsbedürftiges Risiko.[15]

Jäkel hat sich mit der Frage befasst, ob eine Aufklärung des Patienten über die wiederholte Verwendung aufbereiteter Einmalmedizinprodukte erforderlich ist.[16] Er kommt zu dem Ergebnis, dass dies nicht der Fall ist, wenn mit der Verwendung aufbereiteter Einmalmedizinprodukte keine Erhöhung der Behandlungsrisiken für den Patienten verbunden ist. Soweit bei der Aufarbeitung die medizinproduktrechtlichen Anforderungen beachtet werden, sieht er kein höheres Risiko, welches eine Aufklärung des Patienten erforderlich macht. Insbesondere müssen die Anforderungen gemäß § 4 Abs. 2 Medizinprodukte-Betreiberverordnung und die gemeinsamen Empfehlungen der Kommission für Krankenhaushygiene und Infektionsprävention am Robert-Koch-Institut und des Bundesamtes für Arzneimittelsicherheit zu den Anforderungen an die Hygiene bei der Aufarbeitung beachtet werden. In diesem Fall gilt gem. § 4 Abs. 2 S. 3 Medizinprodukte-Betreiberverordnung, dass eine ordnungsgemäße Aufarbeitung des Medizinprodukts vermutet wird.[17]

Werden die geltenden Hygienestandards für die Aufbereitung von Einmalprodukten nicht eingehalten, dürfte allerdings auch eine Aufklärung des Patienten nicht weiterhelfen, weil dann ein Verstoß gegen den medizinischen Standard vorliegen würde und der Arzt unabhängig von einer ordnungsgemäßen Aufklärung wegen eines Behandlungsfehlers haften müsste.

---

[14] Sommer/Tsambikakis in Terbille, Münchener Anwaltshandbuch Medizinrecht, 1. Auflage 2009, § 3 Rd. Nr. 31/31 mit weiteren Nachweisen.

[15] OLG Brandenburg, Urteil vom 29.05.2008, 12 U 241/07, BeckRS 2008, 13149, Seite 2, mit weiteren Nachweisen.

[16] Jäkel, MedR 2011, 485 ff.

[17] Hobusch/Ochs, MedR 2009, 18.

Wie oben ausgeführt, muss der Arzt auch im Zusammenhang mit der Verwendung von Medizinprodukten über extrem seltene Behandlungsrisiken aufklären, wenn sie die Lebensführung des Patienten stark belasten können. Das Oberlandesgericht München hatte sich mit der Frage auseinanderzusetzen, ob der Patient darüber aufgeklärt werden muss, dass ein bei einer Gracilisplastik verwendeter Neurostimulator durch starke Magnetfelder anderer Geräte beeinträchtigt werden kann. In der Bedienungsanleitung des verwendeten Neurostimulators war davon die Rede, dass das Gerät durch elektromagnetische Felder beeinflusst werden kann. Das Landgericht München hatte den Arzt erstinstanzlich verurteilt, weil dem Patienten die Bedienungsanleitung vor dem Eingriff nicht ausgehändigt worden war. Zwar verneinte das Landgericht München die Verpflichtung des Arztes zur mündlichen Risikoaufklärung über nur theoretisch denkbare Gefahren und Risiken im Zusammenhang mit elektromagnetischen Feldern. Insoweit müsste sich der Patient aber aus der Bedienungsanleitung informieren können, was voraussetze, dass ihm diese ausgehändigt werden müsse. Das Oberlandesgericht München hob die Entscheidung des Landgerichts München auf und wendete die allgemeinen Grundsätze über die Risikoaufklärung auf den vorliegenden Fall an. Demnach muss der Arzt grundsätzlich über sehr seltene Risiken aufklären, wenn die Lebensführung des Patienten im Fall des Eingriffs stark belastet werden kann. Über derartige stark belastende Folgen des Eingriffs müsse aber nur dann aufgeklärt werden, wenn nach dem medizinischen Erfahrungsstand im Zeitpunkt der Behandlung ein solches Risiko bekannt und mit dem Eintritt zu rechnen gewesen ist. Es müssen zumindest ernsthafte Stimmen in der medizinischen Wissenschaft auf das Risiko hinweisen, die als wichtige Warnungen anzusehen sind.[18]

Nach den Feststellungen des Gerichtes existierten vor dem Eingriff keine Berichte über Zwischenfälle, die den Neurostimulator oder vergleichbare Geräte durch elektromagnetische Felder betreffen. Die grundsätzliche physikalische Möglichkeit der Kopplung von Magnetfeldern, die theoretisch zu einer Fehlfunktion des Stimulators führen kann, in der Praxis aber nicht aufgetreten ist, veranlasst den Arzt nicht, über dieses lediglich theoretisch denkbare, praktisch aber nicht relevante Risiko aufzuklären.[19] Eine Verpflichtung des Arztes, dem Patienten vor der Implantation eines medizinischen Gerätes eine Bedienungsanleitung auszuhändigen, besteht ebenfalls nicht.[20]

F. Fazit

Für die Grundaufklärung im Zusammenhang mit der Verwendung von Medizinprodukten gelten keine Besonderheiten. Die Einwilligung des Patienten ist wirksam erteilt, wenn die allgemeinen Voraussetzungen für eine das Selbstbestimmungsrecht des Patienten wahrende Aufklärung durch den Arzt beachtet werden.

---

[18] OLG München, Urteil vom 23.10.2008, 1 U 2046/08, BeckRS 2009, 11730.

[19] OLG München, a.a.O.

[20] OLG München, a.a.O.

G. Sicherungsaufklärung

Auch im Zusammenhang mit der Sicherungsaufklärung gelten keine Besonderheiten. Erfordert das verwendete Medizinprodukt zur Sicherstellung des Behandlungserfolges die Erteilung von Schutz- und Warnhinweisen zur Mitwirkung an der Heilung und zur Vermeidung der Selbstgefährdung des Patienten, sind diese zu erteilen.

H. Ausblick: Auswirkungen des Patientenrechtegesetz

Das Patientenrechtegesetz tritt zum 01. 01. 2013 in Kraft. In der Begründung des Gesetzentwurfs ist ausgeführt, dass richtig verstandene Patientenrechte nicht auf rechtliche Bevormundung setzen, sondern sich am Leitbild des mündigen Patienten orientieren.[21] Aufgrund der Komplexität der Medizin und der Vielfalt von Behandlungsmöglichkeiten sind nach Auffassung des Gesetzgebers Regelungen erforderlich, die den Patienten mit dem Behandelnden auf Augenhöhe bringen.

Bestandteil des Gesetzes sind u. a. die §§ 630a bis 630h BGB. In § 630e BGB sind erstmals die Anforderungen an die ärztliche Aufklärung des Patienten gesetzlich geregelt. § 630d enthält die Anforderungen an eine wirksame Einwilligung. Dabei ergeben sich in rechtlicher Hinsicht grundsätzlich keine Neuerungen. Der Gesetzgeber hat sich an der Rechtsprechung, insbesondere des Bundesgerichtshofs, über ärztliche Aufklärungspflichten orientiert und die Formulierung des Bundesgerichtshofs teilweise übernommen.

Das Gesetz verlangt, dass der Patient von einem Arzt aufgeklärt wird, der die Befähigung hat, den konkreten Eingriff durchzuführen. Ergänzend darf auf Unterlagen Bezug genommen werden, die der Patient in Textform erhalten muss. Neu an der Regelung in § 630i Abs. 2 S. 2 BGB ist, dass der Arzt dem Patienten Abschriften von Unterlagen, die er im Zusammenhang mit der Aufklärung oder Einwilligung unterzeichnet hat, überlassen muss.

Für die Aufklärungspflichten im Zusammenhang mit Medizinprodukten ergeben sich durch das Patientenrechtegesetz jedoch keine spezifischen Neuerungen.

---

[21] Bundestag, Drucksache 17/10488, Seite 1.

Teilnehmer

Achtmann, Dr. Julia
Rechtsanwältin
BLD Bach Langheid Dallmayr
Theodor-Heuss-Ring 13–15, 50668 Köln

Alberts, Dr. Martin
Rechtsanwalt
Dr. Eick & Partner GbR
Schützenstr. 10, 59071 Hamm

Albus, Dr. Esther
Rechtsanwältin
AXA Konzern AG
Colonia-Allee 10–20, 51067 Köln

Anschlag, Marc
Rechtsanwalt
HECKER WERNER HIMMELREICH
Sachsenring 69, 50677 Köln

Aßmann, Peter A.
Rechtsanwalt und Mediator
Beueler Bahnhofsplatz 18, 53225 Bonn

Attenberger, Dr. Jürgen
Facharzt für öffentliches Gesundheits-
Wesen; ehem. Vorsitzender der Projektgruppe der Länder
„Qualitätssicherung der Medizinprodukte-Überwachung“
Feuerbachstr. 16, 30655 Hannover

Baxhenrich, Dr. Bernhard
Rechtsanwalt
Anwaltskanzlei Dr. Baxhenrich
Salzstr. 21a, 48143 Münster

Arbeitsgemeinschaft Rechtsanwälte im Medizinrecht e. V. (Hrsg.), *Medizinprodukte in der Anwendung: Alle machen mit, keiner haftet?*, MedR Schriftenreihe Medizinrecht,
DOI 10.1007/978-3-642-40306-4, © Springer-Verlag Berlin Heidelberg 2014

Bensalah, Stephan
Zurich Gruppe Deutschland
Bonner Akademie GmbH
Postfach 3163, 53021 Bonn

Benson, Dirk
Rechtsanwalt
JORZIG Rechtsanwälte
Kurfürstendamm 184, 10707 Berlin

Brandenburger, Karin
Rechtsanwältin
Schillerstr. 30, 80336 München

Brenner, Barbara
Rechtsanwältin
Kanzlei Dr. Hemmerling
Simrockallee 2, 53173 Bonn

Demand, Christina
AXA Konzern AG
Colonia-Allee 10–20, 51067 Köln

Demuth, Anni
Rechtsanwältin
Wille – Rechtsanwälte
Wilhelmhöher Allee 23, 34134 Kassel

Dymke, Dr. Andreas
Rechtsanwalt
Seibel & Partner
Böhmerstr. 16, 54290 Trier

Ehret, Judith
Rechtsanwältin
SCHOELLER EHRET Rechtsanwälte
Königstor 30, 34117 Kassel

Elsen, Wolfgang
Zurich Gruppe Deutschland
Bonner Akademie GmbH
Postfach 3163, 53021 Bonn

Feifel, Dr. Eckart
Rechtsanwalt
Wende Erbsen & Partner
Marienstr. 41, 70178 Stuttgart

Fischer, Klaus
Rechtsanwalt
Fischer Meissner Scholz
Speicherlinie 40, 24937 Flensburg

Funke, Prof. Dr. Astrid
Rechtsanwältin
Funke & Gerharz
Merlostr. 2, 50668 Köln

Gerber, Tobias
ECCLESIA Versicherungsdienst GmbH
Klingenbergstr. 4, 32758 Detmold

Grambow, Dr. Hans-Jürgen
Rechtsanwalt
Witthohn Aschmann Schellack
Drehbahn 7, 20354 Hamburg

Hallmann, Patrick
Rechtsanwalt
Fischer Meissner Scholz
Speicherlinie 40, 24937 Flensburg

Hartmann, Andrea
Rechtsanwältin
Bächle Riediger Kehrer
Lange Str.9, 70173 Stuttgart

Hein, Matthias
Rechtsanwalt
Stephan & Hein Rechtsanwälte
Karl-Heine-Str. 25 B, 04229 Leipzig

Hertwig, Dr. Volker
Rechtsanwalt
Dr. Wagner, Ohrt & Partner
Contrescarpe 10, 28203 Bremen

Hindemith, Joachim
Rechtsanwalt
Kanzlei Dr. Uphoff
Heinrich-von-Kleist-Str. 4, 53113 Bonn

Holthus, S.C. Melanie
Rechtsanwältin
Ulzburgerstr. 113, 22850 Norderstedt

Hübel, Dr. Stefan
Rechtsanwalt
Rehborn Rechtsanwälte
Hansastr. 30, 44137 Dortmund

Hüwe, Dirk
Rechtsanwalt
JORZIG Rechtsanwälte
Königsallee 31, 40212 Düsseldorf

Jäkel, Dr. Christian
Rechtsanwalt
Kanzlei Dr. Jäkel
Berliner Str. 37, 15907 Lübben

Jaklin, Johannes
Rechtsanwalt
ECCLESIA Versicherungsdienst GmbH
Klingenbergstr. 4, 32758 Detmold

Jorzig, Dr. Alexandra,
Rechtsanwältin
JORZIG Rechtsanwälte
Königsallee 31, 40212 Düsseldorf

Jungbecker, Dr. Rolf
Rechtsanwalt
Dostal & Sozien
Schreiberstr. 20, 79098 Freiburg

Keilbar, Dr. Fritz
Rechtsanwalt
Plagemann Rechtsanwälte
Niedenau 13–19, 60325 Frankfurt/M.

Kern, Prof. Dr. Bernd-Rüdiger
Universität Leipzig
Juristenfakultät
Lehrstuhl für Bürgerliches Recht,
Rechtsgeschichte und Arztrecht
Burgstr. 27, 04109 Leipzig

Kettler, Dr. Joachim
Rechtsanwalt
Kanzlei Große-Boymann
Magdeburger Str. 14a, 14770 Brandenburg

Kobel, Konrad
Vice President Quality Management
Regulatory Affairs
Aesculap AG
Am Aesculap Platz, 78532 Tuttlingen

Koller, Dr. Iris
Rechtsanwältin
Wiesener Koller
Ottostrasse 1, 80333 München

Kunze, Dr. Inken
Rechtsanwältin
Rehborn Rechtsanwälte
Hansastr. 30, 44137 Dortmund

Lambers, Mechthild
Universitätsklinikum Düsseldorf
Moorenstr. 5, 40225 Düsseldorf

Lenzen, Dr. Rolf
Rechtsanwalt
Merlostr. 2, 50668 Köln

Lersch, Elmar
Rechtsanwalt
Lersch Hermann-Lersch
Zehnerstr. 29, 53498 Bad Breisig

Lucke, Diana
Universitätsmedizin Greifswald
Stabsstelle Recht
W.-Rathenau-Str. 46, 17489 Greifswald

Lüken, Christian
Rechtsanwalt
Makiol, Lüken & Kollegen
Sebastianusstr. 2–4, 41460 Neuss

Lutterbeck, Christian
GVV-Kommunalversicherung
Aachener Str. 952–958, 50933 Köln

Maeder, Helmar
Rechtsanwalt
Maeder Giese
Hagedornstr. 22, 20149 Hamburg

Marckhoff, Yvonne
Ecclesia Mildenberger Hospital
Klingenbergstr. 4, 32758 Detmold

Marschewski, Petra
Rechtsanwältin
Kanzlei Dr. Uphoff
Heinrich-von-Kleist-Str. 4, 53113 Bonn

Martis, Rüdiger
Rechtsanwalt
Martis Maier Roman-Josse
Uferstr. 50, 73525 Schwäbisch Gmünd

Meinck, Prof. Dr. med. H.-M.
Neurologe, ltd. Oberarzt
Neurologische Universitätsklinik
Im Neuenheimerfeld 400
69120 Heidelberg

Metz, Mag. Andrea
Wiener Städtische Versicherung AG
Spezialschaden Allgemeine Haftpflicht
Schottenring 30, A-1010 Wien

Meyer, Birte
LEGIAL Prozessfinanzierung
Thomas-Dehler-Str. 9, 81737 München

Meyer, Gerhard
Rechtsanwalt
Marktplatz 1, 34281 Gudensberg

Michalcik, Martin
Rechtsanwalt
Dr. Eick + Partner
Gertrud-Piter-Platz 7, 14770 Brandenburg

Möller, Dirk
Rechtsanwalt
Hofkamp 140, 42103 Wuppertal

Müller, Prof. Dr. Reinhold T.
Facharzt für Chirurgie
Facharzt für Orthopädie
Orthopädie Schondorf
Greifenberger Str. 8
86938 Schondorf am Ammersee

Näther, Axel
Rechtsanwalt
Kanzlei Dr. Uphoff
Heinrich-von-Kleist-Str. 4, 53113 Bonn

Neu, Johann
Schlichtungsstelle für Arzthaftpflichtfragen
Hans-Böckler-Allee 3, 30173 Hannover

Osterheider, Falko
Rechtsanwalt
Dr. Eick & Partner
Herzog-Wilhelm-Str. 26, 80331 München

Pesch, Rainer
Rechtsanwalt
Poststr. 2, 01159 Dresden

Plohmann, Dr. Michael, LL.M.
Geschäftsführer der Kreishandwerkerschaft Hagen
Zahntechniker-Innung im Reg. -Bez. Arnsberg
Handwerkerstr. 11, 58135 Hagen

Quadt-Kauerz, Brigitte
Gothaer Allgemeine Versicherung AG
Gothaer Allee 1, 50969 Köln

Riepe, Wolfgang
Rechtsanwalt
Malz Riepe Bunka Kukowski
Schuhstr. 42/43, 38100 Braunschweig

Rumetsch, Dr. Virgilia
Rechtsanwältin
PSB Pfeiffer Schneider Breski
Im Wallgraben 48, 79761 Waldshut-Tiengen

Rust, Helge
Rechtsanwalt
JORZIG Rechtsanwälte
Königsallee 31, 40212 Düsseldorf

Schabram, Peter
Rechtsanwalt
Ratajczak & Partner
Heinrich-von-Stephan-Str. 25, 79100 Freiburg

Schallemacher, Dr. Rainer
Rechtsanwalt
Schlangenotto Leyener & Kollegen
Schwanallee 10, 35037 Marburg

Schleicher, Nicole
R+V Allgemeine Versicherung AG
Raiffeisenplatz 1, 65189 Wiesbaden

Schrodi, Olaf
Rechtsanwalt
Nonnenrain 11, 99099 Erfurt

Schroeder, Michael
Rechtsanwalt
Schroeder & Schroeder
Aachener Str. 75, 50931 Köln

Schünemann, Dr. Hermann
Rechtsanwalt
KSB Intax
Hannoversche Str. 57, 29221 Celle

Schütz, Petra
Gothaer Allgemeine Versicherung AG
Gothaer Allee 1, 50969 Köln

Schwarz, Wolfgang K.
Rechtsanwalt
Gerberau 11, 79098 Freiburg

Schwarze, Bernd
Rechtsanwalt
BLD Bach Langheid Dallmayr
Theodor-Heuss-Ring 13–15, 50668 Köln

Sessel, Alexander
Rechtsanwalt
Putz & Steldinger
Quagliostr. 7, 81543 München

Singer, Dr. Ingeborg
MDK Bayern
Würzburger Landstr. 7, 91522 Ansbach

Steinmeister, Martin
Rechtsanwalt
Halm & Collegen
Am Hof 34–36, 50667 Köln

Steinmetzger-vom Bauer, Gerd
R+V Allgemeine Versicherung AG
Raiffeisenplatz 1, 65189 Wiesbaden

Steldinger, Beate
Rechtsanwältin
Putz & Steldinger
Quagliostr. 7, 81543 München

Stüldt-Borsetzky, Miriam
Rechtsanwältin
ECCLESIA Versicherungsdienst GmbH
Klingenbergstr. 4, 32758 Detmold

Tadayon, Ajang
Rechtsanwalt
Schroeder-Printzen, Kaufmann & Kollegen
Kurfürstenstr. 31, 14467 Potsdam

Teipel, Frank
Rechtsanwalt
Bundesplatz 8, 10715 Berlin

Tholen, Heiner
Rechtsanwalt
Meiertöns & Tholen
Donnerschweer Str.205, 26123 Oldenburg

Tübben, Jan
Rechtsanwalt
Kanzlei Dr. Uphoff
Heinrich-von-Kleist-Str. 4, 53113 Bonn

Uphoff, Dr. Roland
Rechtsanwalt, M.mel.
Kanzlei Dr. Uphoff
Heinrich-von-Kleist-Str. 4, 53113 Bonn

Urschbach, Dr. Roland
Rechtsanwalt
Wasserburg & Urschbach
Adam-Karrillon-Str. 23, 55118 Mainz

Vierling, Anke
Rechtsanwältin
K.-Adenauer-Allee 12, 44263 Dortmund

Voschepoth, Dorothee
Rechtsreferendarin
Sozietät Dr. Oexmann
Rassenhöveler Str. 7, 59510 Lippetal

Wannemacher, Claudia
Rechtsanwältin
LEGIAL Prozessfinanzierung
Thomas-Dehler-Str. 9, 81737 München

Weimer, Dr. Tobias, M.A.
Rechtsanwalt
WEIMER | BORK
Frielinghausstr. 8, 44803 Bochum

Weltin, Mechthild
Rechtsanwältin
Schmidt Weltin Hoff
Königsallee 14, 40212 Düsseldorf

Wenzel, Dr. Frank
Rechtsanwalt
Halm & Collegen
Am Hof 34–36, 50667 Köln

Wilhelmy, Sven
Rechtsanwalt
Bischoff & Partner
Theodor-Heuss-Ring 26, 50668 Köln

Winkhart-Martis, Martina
Rechtsanwältin
Ratajczak & Partner
Posener Str. 1, 71065 Sindelfingen

Arbeitsgemeinschaft Rechtsanwälte im Medizinrecht e. V.

Gutachterkommissionen und Schlichtungsstellen Anspruch, Praxis, Perspektiven 1990. X, 174 S. ISBN 978-3-540-52774-9

Die ärztliche Behandlung im Spannungsfeld zwischen kassenärztlicher Verantwortung und zivilrechtlicher Haftung 1992. VIII, 144 S. ISBN 978-3-540-55438-7

Die Budgetierung des Gesundheitswesens Wo bleibt der medizinische Standard? 1997. X, 163 S. ISBN 978-3-540-63071-5

Zulassung und Praxisverkauf Ist das GSG partiell verfassungswidrig? 1997. VIII, 199 S. ISBN 978-3-540-63502-4

Arzneimittel und Medizinprodukte Neue Risiken für Arzt, Hersteller und Versicherer 1997. XII, 201 S. ISBN 978-3-540-63500-0

Krankenhaus im Brennpunkt Risiken – Haftung – Management 1997. VIII, 194 S. ISBN 978-3-540-63505-5

Medizinische Notwendigkeit und Ethik Gesundheitschancen in Zeiten der Ressourcenknappheit 1999. VIII, 187 S. ISBN 978-3-540-64855-0

Medizin und Strafrecht Straßechtliche Verantwortung in Klinik und Praxis 2000. VIII, 189 S. ISBN 978-3-540-66631-8

Risiko Aufldärung Schmerzensgeld trotz Behandlungserfolg – Wohin führt die Rechtsprechung? 2001. XII, 180 S. ISBN 978-3-540-41765-1

Waffen-Gleichheit Das Recht in der Arzthaftung 2002. X, 177 S. ISBN 978-3-540-41800-9

Leitlinien, Richtlinien und Gesetz Wieviel Reglementierung verträgt das Arzt-Patienten-Verhältnis 2003. X, 157 S. ISBN 978-3-540-00039-6

Ärztliche Behandlung an der Grenze des Lebens Heilauftrag zwischen Patientenautonomie und Kostenverantwortung 2004. X, 199 S. ISBN 978-3-540-20570-8

Globalisierung in der Medizin Der Einbruch der Kulturen in das deutsche Gesundheitswesen 2005. X, 176 S. ISBN 978-3-540-23486-9

Arzthaftungrecht – Rechtspraxis und Perspektiven 2006. IX, 193 S. ISBN 978-3-540-28418-5

Dokumentation und Leitlinienkonkurrenz – die Verschriftlichung der Medizin 2007. X, 143 S. ISBN 978-3-540-46565-2

Arzneimittelsicherßeit – Wunsch und Wirklichkeit 2008. X, 138 S. ISBN 978-3-540-76293-5

Arzthaftung – Mängel im Schadensausgleich? 2009. X, 165 S. ISBN 978-3-540-87624-3

Cross Border Treatment – Die Arzthaftung wird europäisch 2010. X, 184 S. ISBN 978-3-642-04404-5

Delegation und Substitution – wenn der Pfleger den Doktor ersetzt… 2011. XI, 134 S. ISBN 978-3-642-15441-6

Lifestyle-Medizin – von der medizinischen Indikation zum modischen Trend 2012. XI, 151 S. ISBN 978-3-642-23990-8

Qualitätsmängel im Arzthaftungsprozess – Brauchen wir ein Patientenrechtegesetz? 2012. IX, 123 S. ISBN 978-3-642-32275-4

Kolibri 360 GmbH
Ferdinand-Jühlke-Straße 7
99095 Erfurt, Deutschland
produktsicherheit@kolibri360.de